長 春

白山松水

中国式现代化的吉林故事

中共吉林省委党校（吉林省行政学院）组织编写
宋文新　主编　李　刚　郑海兵　副主编

『中国式现代化的故事』丛书
张占斌　总主编

中央党校出版集团
国家行政学院出版社
NATIONAL ACADEMY OF GOVERNANCE PRESS

图书在版编目（CIP）数据

白山松水 : 中国式现代化的吉林故事 / 宋文新主编 ; 李刚，郑海兵副主编 . -- 北京 : 国家行政学院出版社，2024. 6. --（“中国式现代化的故事”丛书 / 张占斌主编）. -- ISBN 978-7-5150-2877-4

Ⅰ . D673.4

中国国家版本馆 CIP 数据核字第 2024M4W851 号

书　　名	白山松水——中国式现代化的吉林故事 BAISHAN-SONGSHUI——ZHONGGUOSHI XIANDAIHUA DE JILIN GUSHI
作　　者	宋文新　主编　李　刚　郑海兵　副主编
统筹策划	胡　敏　刘韫劼　陈　科
责任编辑	陆　夏
责任校对	许海利
责任印刷	吴　霞
出版发行	国家行政学院出版社 （北京市海淀区长春桥路 6 号　100089）
综 合 办	（010）68928887
发 行 部	（010）68928866
经　　销	新华书店
印　　刷	北京新视觉印刷有限公司
版　　次	2024 年 6 月北京第 1 版
印　　次	2024 年 6 月北京第 1 次印刷
开　　本	170 毫米 × 240 毫米　16 开
印　　张	16.25
字　　数	230 千字
定　　价	72.00 元

出版说明

党的二十大报告指出，从现在起，中国共产党的中心任务就是团结带领全国各族人民全面建成社会主义现代化强国、实现第二个百年奋斗目标，以中国式现代化全面推进中华民族伟大复兴。习近平总书记在中央党校建校90周年庆祝大会暨2023年春季学期开学典礼上的讲话中首次创造性提出“为党育才、为党献策”的党校初心。紧扣党的中心任务，践行党校初心，中央党校出版集团国家行政学院出版社和中央党校（国家行政学院）中国式现代化研究中心特别策划“中国式现代化的故事”丛书，邀请地方党校（行政学院）、宣传部门、新闻媒体、行业企业等方面共同参与策划和组织编写，从不同层次、不同维度、不同视角讲述中国式现代化的地方故事、企业故事、产业故事，生动展示各个地区、各个领域在大力拓展中国式现代化新征程上的理念创新、实践创新、制度创新、文化创新等，精彩呈现当代中国以中国式现代化全面推进中华民族伟大复兴的宏大历史叙事，以讲好中国式现代化的故事来讲好中国故事。

该丛书力求体现这样几个突出特点：

其一，文风活泼，以白描手法代入鲜活场景。本丛书区别于一般学术论著或理论读物严肃刻板的面孔，以生动鲜活的题材、清新温暖的笔触、富有现场感的表达和丰富精美的图片，将各地方、企业推进中国式现代化建设的理论思考、战略规划、重要举措、实践路径等向读者娓娓道来，使读者在沉浸式的阅读体验中获得共鸣、引发思考、受到启迪。

其二，视野开阔，以小切口反映大主题。丛书中既有历史人文风貌、经济地理特质的纵深概述，也有改革创新举措、转型升级案例的细节剖解，既讲天下事，又讲身边事，以点带面、以小见大，用故事提炼经验，以案例支撑理论，从而兼顾理论厚度、思想深度、实践力度和情感温度。

其三，层次丰富，以一域之光映衬全域风采。丛书有开风气之先的上海气度，也有立开放潮头的南粤之声；有沉稳构筑首都经济圈的京津冀足音，也有聚力谱写东北全面振兴的黑吉辽篇章；有在长江三角洲区域一体化发展中厚积薄发的安徽样板，也有在成渝地区双城经济圈中走深走实的川渝实践；有生态高颜值、发展高质量齐头并进的云南画卷，也有以“数”为笔、逐浪蓝海的贵州答卷；有“强富美高”的南京路径，也有“七个新天堂”的杭州示范……。丛书还将陆续推出各企业、各行业的现代化故事，带读者领略中国式现代化的深厚底蕴、辽阔风光和壮美前景。

“中国式现代化的故事”丛书既是各地方、企业推进中国式现代化建设充满生机活力的形象展示，也是以地方、企业发展缩影印证中国式现代化理论科学性的多维解码。希望本丛书的出版，能够为各地方、企业搭建学习交流平台，将一地一域的现代化建设融入全面建设社会主义现代化国家的大局，步伐一致奋力谱写中国式现代化的历史新篇章。

国家行政学院出版社

“中国式现代化的故事”丛书策划编辑组

总　序

党的二十大擘画了全面建成社会主义现代化强国、以中国式现代化全面推进中华民族伟大复兴的宏伟蓝图。中国式现代化是前无古人的开创性事业，是强国建设、民族复兴的康庄大道。回顾过去，中国共产党带领人民艰辛探索、铸就辉煌，用几十年时间走完西方发达国家几百年走过的工业化历程，创造了经济快速发展和社会长期稳定的两大奇迹，实践有力证明了中国式现代化走得通、行得稳；面向未来，在以习近平同志为核心的党中央坚强领导下，各地方各企业立足各自的资源禀赋、区位优势和产业基础、发展规划，精心谋划、奋勇争先，在推进中国式现代化过程中将展现出一系列生动场景，一步一个脚印地把美好蓝图变为现实形态。

中国式现代化，是中国共产党领导的社会主义现代化，既有各国现代化的共同特征，又有基于自己国情的中国特色。中国式现代化，是人口规模巨大的现代化，是全体人民共同富裕的现代化，是物质文明和精神文明相协调的现代化，是人与自然和谐共生的现代化，是走和平发展道路的现代化。这五个方面的中国特色，不仅深刻揭示了中国式现代化的科学内涵，也体现在不同地方、企业推进现代化建设可感可知可行的实际成果中。中国式现代化理论为地方、企业现代化的实践探索提供了不竭动力，地方、企业推进中国式现代化建设的成就也印证了中国式现代化道路行稳致远的时代必然。

为讲好中国式现代化的故事，更加全面、立体、直观地呈现中国式现代化的丰富内涵和万千气象，中央党校（国家行政学院）中国式现代化研究中心和中央党校出版集团国家行政学院出版社联合策划推出“中国式现代化的故事”丛书，展现各地方、企业等在着眼全国大局、立足地方实际、发挥自身优势，推进中国式现代化建设上的新突破新作为新担当，总结贯穿其中的完整准确全面贯彻新发展理念、构建新发展格局、推动高质量发展的新理念新方法新经验。我们希望该系列丛书一本一本的出下去，能够为各地更好推进中国式现代化建设以启迪和思考，为以中国式现代化全面推进中华民族伟大复兴凝聚更加巩固的思想基础，为进一步推进中国式现代化的新实践、书写中国式现代化的新篇章汇聚磅礴力量。

中央党校（国家行政学院）中国式现代化研究中心主任

2023年10月

序 言

2023年9月，习近平总书记在新时代推动东北全面振兴座谈会上指出，“牢牢把握东北的重要使命，奋力谱写东北全面振兴新篇章”，并强调“推进中国式现代化，需要强化东北的战略支撑作用”。东北全面振兴在中国式现代化全局中占有重要地位，吉林省有责任探索中国式现代化的吉林路径，有责任在东北全面振兴中实现吉林新突破，有责任在全面推进中华民族伟大复兴中贡献吉林力量。

从新中国成立之初老工业基地建设，到东北老工业基地实施振兴战略，再到新时代推动东北全面振兴，吉林始终不忘重要使命，步伐坚定有力。白山松水间，在新中国成立之初，缺油少气之时，承载着为共和国输送动能的使命；缺衣少粮之时，承载着给大江南北供给粮食的使命……来到新时代的今天，持续端牢“粮食饭碗”、打造“大国重器”、助力“‘双碳’战略”、巩固“生态屏障”、守好“北国边疆”，吉林始终一步一个脚印，留下清晰的历史足迹。

党的十八大以来，习近平总书记曾三次考察吉林，发表一系列重要讲话，作出一系列重要指示，为吉林全面振兴擘画了宏伟蓝图、描绘了光明前景。《白山松水——中国式现代化的吉林故事》一书，展现了吉林人民在中国共产党的领导下，深入贯彻落实习近平总书记视察吉林重要讲话重要指示精神，在全面贯彻新发展理念推动实现高质量发展的道路上，在探索中国式现代化吉林路径的征途上，留下的威武雄壮、丰富多彩、生动感人的故事篇章。

本书共分为六章。第一章，扛稳国家粮食安全重任。吉林启动实施“千亿斤粮食”产能建设工程，筑牢“黑土粮仓”争当现代农业建设排头兵，打造国家的“中央厨房”和“粮仓肉库”，当好国家粮食稳产保供“压舱石”。第二章，走高质量发展之路。越来越多的“吉林创造”正在落地转化为“吉林制造”——350千米/小时动车组、万米高空“吉林一号”卫星等，引领中国制造从“追赶”到“领跑”再到“走出国门”，具有吉林特色的现代化产业体系建设支撑更加有力。第三章，美丽中国的吉林样板。东部巍峨绵延的长白山、中部松辽平原肥美的黑土地、西部丹顶鹤故乡的草原湿地……生态建设让吉林擦亮“金字招牌”，陆上风光三峡让吉林点亮“能源之光”。第四章，彰显区域协调和城市建设新篇章。实施“一主六双”高质量发展战略，聚焦中心主线，立足优势禀赋，区域协调让吉林发展步伐更加有力，梅河口“高质量发展先行示范区”行稳致远，进而有为。第五章，高水平对外开放和民族团结守边疆。开放吉林，促合作、促发展，民族团结，守好“北国边疆”。第六章，以红色精神铸魂赋能。红色资源“三地三摇篮”，“小社区”推动“大治理”，用永不褪色的红色记忆引领吉林走上全面振兴之路，党建引领社区治理开启了幸福社区建设的“新密码”。

中国式现代化的大潮里，涌动着白山松水间汇聚的吉林力量；敢为人先的吉林人，从来就是勇敢的追梦人。吉林牢记习近平总书记“体现新担当、实现新突破、展现新作为”的殷殷嘱托，努力讲好中国式现代化的吉林故事，奋力谱写中国式现代化的吉林新篇章。

目　录

第一章　吉地吉粮

大国粮仓勇担人民重托

第二章　吉品吉造

改革创新赋能振兴发展

第三章　吉山吉水

打造美丽中国吉林样板

第四章　吉遇吉享

白山松水涌动发展热潮

第五章　吉路吉创

扩大“朋友圈”共画“同心圆”

第六章　吉人吉事

灯塔之光领航奋进之路

后　记

第一章

吉地吉粮
大国粮仓勇担人民重托

“农为邦本，本固邦宁。”要让“大国粮仓”满载“吉林好粮”，必须扛稳国家粮食安全重任，加快农业农村现代化建设，综合提高粮食生产能力。作为“耕地中的大熊猫”，黑土地承载着吉农的耕耘与收获，肩负着端稳“中国饭碗”的责任与使命，在白山松水、沃野千里的吉林大地上书写着农耕时的“吉林故事”：粮食产量再创新高，粮食单产稳居第一，“梨树模式”扩面提质，“大安经验”加速推广，科技赋能有力支撑，良种良法全面配套，“粮仓”“肉库”成绩斐然，“中央厨房”跃升发展，“大食物观”统筹推进，“四季农业”相得益彰。争率先，站排头，创佳绩。“粮食安全”是新时代吉林全面振兴的基础与优势，当好稳产保供“压舱石”，吉林不负使命，勇于担当，必将在农业强国征程中作出更大贡献。

一、筑牢“黑土粮仓”，争当现代农业建设排头兵

（一）引言

粮食，是国计民生的压舱石。粮食安全，是国泰民安的定盘星。

古老的中国文明起源于农业，在古代，粮食的丰歉甚至可以影响到一个国家的兴衰。翻开青灯古卷，有诸多强调“粮食”重要性的精辟论断，在汉朝班固的《汉书》里有“洪范八政，食为政首”的描述，在元朝王祯的《农书》中也有“无事而为有事之备，丰岁而为歉岁之忧”的殷嘱。

2020 年，习近平总书记在党的十九届五中全会上指出，“两个大局”是谋划工作的基本出发点。我们面对世界百年未有之大变局所带来的多重考验，以及实现中华民族伟大复兴战略全局所面临的多种困难，要求我们必须树牢总体国家安全观。于是，粮食安全作为事关国家总体安全的重要一环，得到了前所未有的重视。

2022 年 3 月，习近平总书记在看望参加政协会议的农业界社会福利和社会保障界委员时进一步提出粮食安全是“国之大者”的重要论断。一语中的，道出了“粮食”的重要基础地位和深邃的历史渊源。

习近平总书记对吉林省的农业发展也一直念兹在兹。2020 年 7 月，总书记

在吉林考察时，要求吉林把保障粮食安全放在突出位置，保护好利用好黑土地这个“耕地中的大熊猫”。争当现代农业建设排头兵。

由此可见，如果我们要讲好“以中国式现代化全面推进中华民族伟大复兴”的中国故事，尤其是择一地讲好其中“黑土粮仓”的故事，吉林，会是最好的开篇之作。

（二）讲好“粮食安全”的故事

吉林省身处东北，地处世界三大黑土带腹地。是我国农业大省之一，是我国重要的商品粮生产基地。

1.“精益传承”开创农业新篇章

吉林省有 2300 多万人，虽然称不上是人口大省，但是面积却有 187400 平

吉林省率先实现农业现代化（石雷　摄）

方千米，并且有很多适宜耕作的平整土地资源。全省约有耕地面积 703 万公顷，约占全省面积的 37%，耕地面积位列全国第 5 位，人均拥有耕地 3.05 亩，高于全国平均水平两倍。其中，黑土耕地面积约 83.2 万公顷。黑土耕地面积虽然只占全省耕地面积的一小部分，却种出了全省粮食总产量的一半。

在广袤的吉林大地上，几代吉林儿女上下一心，始终致力于为国家多产粮、产好粮，保护好“黑土粮仓”，坚持做“大国粮仓”。新时代的十年，吉林粮食产量稳步提升，从 2012 年的 690 亿斤起步，连续跨上 700 亿斤、800 亿斤台阶，2021 年达到 807.84 亿斤，增长率居全国前十大产粮省份第 1 位，总产量居全国第 5 位。①2022 年吉林粮食产量继续稳中有升，达到了 816.16 亿斤。

回首过去，取得的成就是全体吉林人共同的辛勤创造；面向未来，吉林省委、省政府的“顶层设计”不止于此，在习近平总书记视察吉林梨树三周年之际，吉林设定了更高、更远、更大的目标。

2.“顶层设计”落实“藏粮于地、藏粮于技”大战略

悠悠万事，吃饭为大。在 2017 年 12 月，党的十九大以后第一次中央农村工作会议上，习近平总书记再次强调，保障粮食安全，关键是要保障粮食生产能力。确保需要时能产得出、供得上。这就要求我们守住耕地红线，把高标准农田建设好。并且，真正把“藏粮于地、藏粮于技”战略落到实处。为了不辜负习近平总书记对吉林农业所寄予的厚望，吉林省委、省政府主动扛稳粮食安全重任，守住农业基本盘，始终把粮食生产作为首要政治任务和头等大事，带领全省人民牢记嘱托，积极探索夺取粮食生产大丰收的生动实践。常言道：“仓廪实，天下安。”在粮食总产量逐年提升，连续突破 700 亿、800 亿斤之时，吉

① 《十年筑牢“黑土粮仓” 吉林争当现代农业建设排头兵》，吉林省人民政府网站，http://jl.gov.cn/szfzt/jlssxsxnyxsdh/gzjz/202210/t20221019_8601799.html。

金秋十月，梨树县喜迎大丰收（吉林梨树黑土地学院供图）

林省在 2022 年政府工作报告中明确提出“千亿斤粮食”目标。为此，省委、省政府发挥“顶层设计”作用，制定并落实了多项保障粮食安全的制度和政策，共出台加强粮食生产措施 30 条，充分调动地方抓粮和农民种粮的参与度和积极性，用实际行动践行“藏粮于地、藏粮于技”的战略。

（1）“藏粮于地”守住“黑土粮仓”

“藏粮于地”的核心就是保护好 18 亿亩耕地红线不动摇，向现有耕地“要粮”、向提高亩产“要粮”，确保农田就是农田。还要保护好黑土地这个“耕地中的大熊猫”。近些年，由于过度开垦，黑土地的肥力已经呈现下降趋势。为此，吉林省在全国颁布实施首部黑土地保护地方性法规《吉林省黑土地保护条例》，从法规层面明确保护黑土地的重要意义。设立“吉林省黑土地保护日”，在社会层面增强全省人民群众的保护意识。率先与中国科学院合作实施“黑土粮仓”科技会战，从工作层面统一作出重要安排部署。积极推广“梨树模式”等先进地区经验，从落实层面协调“用地”与“养地”的辩证关系。这一系列举措，为我国黑土地保护贡献了“吉林方案”。

（2）“藏粮于技”丰满“大国粮仓”

“藏粮于技”的核心就是在耕地面积扩大空间有限的情况下，向科学技术“要粮”、向盐碱荒地“要粮”，在农业领域践行“科学技术就是第一生产力”，用农业的机械化、现代化、智慧化促进良田、良种、良机、良法和智慧农业“四良一智”有机融合，大力推广无人驾驶拖拉机耕种、无人机自动喷洒和土壤传感器自动监测等先进技术。如今，农业生产从耕到收变得科幻化，农业产品从种到销更具科技感。农民穿着皮鞋“下地干活”，手机成了“新农具”，流量就是“新农资”，直播也是“新农活”。在土壤改良方面，吉林将目光投向了西部大片的盐碱地，并且勇于尝试、敢于创新，实施了多项生态水利工程，如河湖连通工程、哈达山水利工程和引松工程等；扶持了多项盐碱地治理工程，如在大安市建立盐碱地生态修复治理示范基地等，从而改善了中西部的农业生产条件。

（3）“因地制宜”争做黑土守粮人

2023 年 2 月，中央一号文件发布，这是中央连续 20 年也是连续 20 次聚焦“三农”工作。在这次的中央一号文件中，国家再一次为乡村发展提供了最大力度的支持，确定“七大工程”在乡村集中启动。其中，“玉米单产提升工程”“实施好优质粮食工程”“深入推进大豆和油料产能提升工程”等多个工程直接与国家的粮食安全相联系。

2023 年 4 月，吉林省紧随中央步伐，立足自身现状，展望粮食未来，适时召开“千亿斤粮食”产能建设工程启动大会，将原来的“千亿斤粮食”目标具体化、精细化。谋划实施良田建设工程、种业振兴工程、农业机械化提升工程、新型农业经营主体和服务主体培育工程、智慧农业建设工程、产粮大县振兴工程、盐碱地综合利用等八大工程。确保到2035年粮食产量跨上千亿斤台阶。

在此背景下，“梨树模式”和“大安经验”当仁不让在黑土地良田建设、盐碱地综合利用等方面成为吉林的样板，为各地提供了“参考答案”。

①“梨树模式”，让黑土地在保护中得到利用

“乡村四月闲人少，才了蚕桑又插田。”2020年的一天下午，吉林省梨树县境内的一块玉米地成了举世瞩目的焦点。习近平总书记专程来到这里视察了解粮食生产、黑土地保护性利用、农业机械化规模化经营等情况。习近平总书记凭栏远眺，看到的是充满希望的田野，是大有可为的热土。玉米地一望无边、绿浪滚滚。连成片的玉米长势喜人，正值抽雄吐丝期，顶端的花穗在阳光下闪烁着金黄的光芒。勤劳的农民操作着十来架无人机正在进行喷洒作业。习近平总书记语重心长地说：“东北是世界三大黑土区之一，是‘黄金玉米带’、‘大豆之乡’，黑土高产丰产同时也面临着土地肥力透支的问题。一定要采取有效措施，保护好黑土地这一‘耕地中的大熊猫’，留给子孙后代。梨树模式值得总结和推广。”[①] 黑土地的过度开发造成了土壤肥力下降，习近平总书记发现了症结、指出了问题。也正是梨树农民率先打响了“黑土地保卫战”。

而今，当我们走进梨树县国家百万亩绿色食品玉米标准化基地核心区，首先映入眼帘的是“保护好利用好黑土地这一耕地中的大熊猫”几个大字庄重地矗立在上方。春耕正当时，不负好时光。在习近平总书记视察过的玉米地里，数十台新一代的多功能免耕播种机正“大展拳脚”。多年来，对黑土地的科学保护，让这里重新恢复到了万亩沃野如膏、千顷黑土如油的盛况，成千上万的梨树农民用自己的实际行动践行了总书记的殷殷嘱托，“梨树模式”宛如冉冉升起的旭日，照亮了越来越多肥沃的黑土，为吉林省实现“千亿斤粮食”目标画上浓墨重彩的一笔。

---

①《充满希望的田野　大有可为的热土》，《人民日报》2020年7月26日。

梨树县，位于吉林省西南部，隶属于四平市，幅员达3232平方千米，拥有耕地面积393.8万亩，绝大部分都是曾经能够捏出油花的黑土。常年粮食总产量稳定在40亿斤以上水平。梨树县是全国粮食生产先进县、全国粮食生产五强县、国家重点商品粮食生产基地县。自2007年开始，梨树县与中国科学院、中国农业大学、中国农科院等多家科研院所开展广泛的院地合作，开启了黑土地保护与利用研究、示范、推广的漫漫征程。进行黑土地保护和利用，梨树县面临着三大问题。

一是人为因素导致黑土肥力下降。植被破坏、土壤沙化以及水土流失等现象，导致黑土层厚度下降。同时，过度的开垦和过度的利用，以及无节制的使用化肥农药等，导致黑土地有机质含量锐减、土壤质量下降。

二是复杂地形条件增加保护利用难度。梨树县东南部主要是山区和半丘陵地区，中部为平原，东北部为低洼易涝区，西北部为风沙侵蚀严重的盐碱地，不同的地貌需要制定不同的保护和利用措施，以及配套不同的技术方案。

三是传统耕作观念阻碍新技术推广。“刀耕火种”是我国的传统农业方式，直至今日，春耕前，农民还是习惯于将去年留在地里的秸秆进行“放荒”，这种方式不仅会造成环境污染，也不利于黑土地保护。进行黑土地保护首先要进行“秸秆还田”，很多农民缺少长远眼光，不愿意这样做。

为了保护好、利用好“耕地中的大熊猫”，提高粮食产量，切实为农民增产增收，勤劳质朴的梨树人攻坚克难，经过十几年的接续奋斗，取得了优异的成绩。

一是因地制宜，以创新为出路，打造“梨树模式”。2007年，梨树县借助中国农业大学的科技支撑，开始了黑土地保护的研究和探索。从梨树镇高家村的一小块“玉米秸秆覆盖试验田”起步，经过十几年的努力，创新出了适合我国国情、东北特点的玉米秸秆覆盖全程免耕机械化栽培技术。2018年12月梨树县的一系列创新做法被总结成《玉米秸秆条带覆盖免耕生产技术规程》，并被批准为吉林省地方标准，这也标志着“梨树模式”正式被社会认可。“梨树模式”的核心是黑土地保护与利用；其主要内容是“秸秆覆盖、条带休耕”，即在玉米收获后，将秸秆全部还田并覆盖在地表，将耕作次数减到最少，从而达到保墒蓄水、培肥土壤、减少侵蚀、改善土壤生物性状、稳产高产的效果。“梨树模式”不仅保证了黑土地高效利用的目标，还解决了黑土地保护的难题，禁止秸秆焚烧避免了生态破坏，开展条带休耕避免了过度耕作。中国农业大学吉林梨树实验站的王贵满是“梨树模式”发展壮大的亲历者，他曾形象地描述“梨树模式”：“就是把秸秆留在土地上，相当于给土地盖了一层被子，保护这层宝贵的黑土，使它不被风刮走、不被水冲走、不被其他作物侵害，让黑土层越来越厚，有机质越来越好，生产出更多更好的粮食。”

二是科技兴农，以免耕为突破，实现“黑土奇迹”。2008 年，中国第一台免耕播种机在梨树县“开工”，标志着梨树县的黑土地保护性利用的探索迈出了从理论到实践的关键一步。而今，已经更新迭代好几次的新型多功能免耕播种机再一次大幅度提升了播种和施肥的效率。随着“梨树模式”实践深入，科技化成果不断被开发利用，现在的免耕机已经可以集秸秆处理、深松、整地、种床整理、精量播种、深施化肥等于一体，轻松实现“一次作业完成多道工序”的目标。减少犁地次数是免耕科技的核心追求，可以有效防止土壤退化，为种子提供更优质的生长环境。根据王贵满的测量数据，经过十多年的努力，这里的黑土地变化十分明显。用“梨树模式”耕作的地块，土壤有机质含量每年增长 0.1%。有机质含量增多标志着土壤肥力自然提升，经过对比，采用保护性耕作的土地，比使用传统方式耕作的土地，增产幅度可达 10%左右。

三是多措并举，以推广为责任，成果“遍地开花”。“梨树模式”以基地为示范，以推广为目标，为我国粮食安全扩大“黑土粮仓”。2017 年，梨树县正式创建 100 万亩国家绿色食品原料（玉米）标准化生产基地，2019 年通过国家验收，成为全国最大的玉米标准化种植基地。基地取得成功后，开始在梨树县实行试验性推广，根据县内不同地形、土壤条件，采取不同推广模式。在东南部山区及半丘陵区采用高留茬垄侧栽培种植模式；在中部平原黑土区采用秸秆覆盖免耕种植模式和秸秆覆盖条带旋耕种植模式；在东北部低洼易涝区采用秸秆覆盖条带旋耕种植模式，在习惯起垄的地块采用秸秆覆盖垄作种植模式；在西北部风沙盐碱区采用秸秆覆盖条带旋耕种植模式。“梨树模式”在全县内试验性推广取得了巨大成功，目前，全县七成以上的耕地已经采用“梨树模式”进行耕作。为了更好地将“梨树模式”在全省进行推广，吉林省委、省政府多措并举，因地制宜、因时制宜，充分考虑全省不同地区的不同土壤条件、地形环境，制定“切实可行、行之有效”的推广方案，让科技成为攻关克难的有效法宝，先后建成省级重点实验室 2 个、工程研究中心 5 个和东北黑土地保护与利用科技创新研究院。累计启动 100 余项课题，着力提升种子品种综合抗性，努力推动科学耕作技术。在技术推广中实行“四化”标准，即免耕措施区域化、配套技术协调化、耕作参数精准化、栽培技术智能化。2023 年是中国科学院联合东北三省一区启动“黑土粮仓”科技会战的第三个年头，在 7 月份召开的吉林省“黑土粮仓”科技会战领导小组会暨 2023 年度科技会战推进会上，吉林省农业农村厅公布了一组数据，在全省“黑土粮仓”科技会战大背景下，保护性耕作“梨树模式”从建立第一块面积 255 亩的试验基地开始，逐步推广，目前，仅在吉林一省推广面积扩大到 3283 万亩。据不完全统计，在全国推广面积预计已经达到 5000 万亩以上。

吉林省已经定下“千亿斤粮食”的目标，黑土地的保护和利用虽然能够实现粮食的大幅度增产，但是实现千亿斤的产量，还远远不够，还需要深入落实“藏粮于地、藏粮于技”的战略。吉林省中、西部高产作物面积大，具有较大的粮食增产潜力，以现状看，单纯靠增加耕地面积和种植结构性调整来实现增产，空间已经有限。西部地区广袤的“八百里瀚海”未有效利用起来的盐碱地将成为稳固我国粮食安全的核心地带。

②大安经验，在盐碱地上建起万亩粮仓

“喜看稻菽千重浪，遍地英雄下夕烟。”2021 年的一天清晨，一阵阵汽车轰鸣声打破了大安市海坨乡互助村往常的静谧，来自全国各地的 11 路“英雄”齐聚这里“打擂比武”，一时间人声鼎沸，十分热闹。原来，就在前不久，省自然资源厅将这里划定了 300 公顷集中连片的盐碱地，作为“盐碱地生态修复治理示范基地”，并且广发“英雄帖”，引来高校、科研机构和企业等 11 家单位，参与盐碱地生态修复治理技术“大比武”。在基础条件相对一致的地块上，11 家单位“八仙过海，各显神通”，分别运用了物理、化学、农艺、生物技术和工程改造等方法，进行实验改良。最后，根据不同地块的特点，具体问题具体分析，最终敲定了四种盐碱地改良方法，分别是华清农业开发有限公司的“脱硫石膏改良技术”、中国科学院东北地理与农业生态研究所的“磷石膏改良技

大安盐碱地研究院试验田（吉林省自然资源厅供图）

术”、中科佰澳格霖农业发展有限公司的“硫酸铝改良技术”和河北硅谷肥业有限公司的“有机硅调理技术”。正是这场科学“比武”，拉开了大安市全面推进盐碱地改良的序幕，也为吉林粮食大幅度增产增收打通了一条康庄大道。

大安市位于吉林省西北部，隶属于白城市，地处松嫩平原腹地，辖区面积达 4879 平方千米，现有耕地 333.75 万亩，盐碱地等未有效利用土地 186 万亩，达到了现有耕地的 55％以上。在过去，这些贫瘠的土地被人们看作“不毛之地”，当地甚至流传着一句民谣：“碱地白花花，一年种一茬，小苗没几棵，秋后不收啥。”2022 年中央一号文件提出“积极挖掘潜力增加耕地，支持将符合条件的盐碱地等后备资源适度有序开发为耕地”。吉林省适时启动“黑土粮仓”科技会战、“千亿斤粮食”工程，把盐碱地等耕地后备资源综合利用确定为八大工程之一。省政府工作报告提出“加快西部地区盐碱地改造”。大安市适时贯彻落实党中央的重大决策部署，决心“向盐碱地要粮”，决定“在治理中开发，在开发中治理”。口号喊响很简单，实现口号谈何容易。大安市的盐碱地治理长路漫漫，面临着三大难题。

一是气候不利。盐碱地的形成有一半是气候因素，吉林省中西部是干旱半干旱地区，作物生长期平均降水量不足 400 毫米，甚至老百姓还戏谑称这里是“八百里旱（瀚）海”，而治理盐碱地，需要用大量的水进行“以水洗碱”。水从何来？这是大安治理盐碱地所遇到的第一个拦路虎。

二是技术不够。治理盐碱地在理论层面有诸多的方式方法，但是实践和理论是两码事。大安的盐碱地分布广，地块和地块之间也存在较大的差异性，一种方法或者一种技术不可能同时适用所有的地块。并且，大安的盐碱地中还有大量的苏打盐碱地，这是盐碱地中最难治理的土地类型之一，土壤钠离子含量高，入渗系数小、通气性不良，重度盐碱地 pH 高达 10 以上。

三是资金不足。“军马未动，粮草先行。”治理将近 200 万亩的盐碱地所需的资金并不是一个小数目。根据前期的预估，不算人工成本，仅改良剂一项支出，一亩就需要 300 元。以此推算，治理全过程的资金缺口达数十亿元。

为了破解治理难题，认真务实的大安人深思熟虑，寻找出了一条符合自己实际情况的解题路子。

一是坚持“以水定地”，解决缺水难题。在盐碱地综合治理过程中，水是盐碱地土壤改良的先决条件。大安市充分利用“引松工程、引嫩入安、哈达山水利枢纽、河湖连通”等省内重大水利工程，为改良土壤提供水源保障，多年来，坚持“以水定地”为原则，下定决心投入大量人力、物力和财力，做好全县动员，把汛期的洪水、雨水和过境水引入县内 25 个主要河流湖泊中，形成了江河互济的水网体系，为盐碱地治理提供第一层保障——留住地表水；经过测量，大安的地下水资源丰富，通过打井抽水的方式，为盐碱地治理提供第二层保障——利用地下水。目前，在大安灌区范围内，已能够满足 30.43 万亩新增水田的灌溉需求；已建设完成的松原灌区、大安龙海灌片水利骨干工程还可以保障 45.75 万亩水田灌溉需求。通过多年的努力，大安实现了由“水瓶颈”向“水支撑”的华丽蜕变。不仅涵养了生态，而且满足了进行大范围盐碱地治理的先决条件。

二是组织“多方参与”，解决技术难题。大安的盐碱地分布情况十分复杂，一个地块内甚至有不同的盐碱地类型，而且苏打盐碱地分布广泛，技术攻关难度大，在理论层面，存在多种治理方案，实际效果需要在实践中加以检验。大安别出心裁，采用广发“英雄帖”“设擂比武”的方式，组织多方参与，开展现场试验，寻找最佳方案。最终，有四种方式成为大安治理盐碱地的最优解。被选中的方式能够从根本上消除土壤障碍因素，改善土壤理化性状，创造作物生长条件，实现了盐碱地当年改良、当年种植、当年收获，为大安今后的盐碱地土壤改良提供宝贵经验和科技支撑。

三是吸引“社会投资”，解决缺钱难题。2019 年，经过多次调研、充分论证，大安确定了“政府搭台、企业出资”的治理盐碱地策略，并率先出台了《大安市引导和规范社会力量参与土地整治项目建设实施意见》，采取吸引社会投资方式开展项目建设。从而也衍生出了“企业投资、政府奖补”的土地整治管理全新的“双赢”策略。乡镇政府要组织土地项目区所在村征求农民意见，要在农民同意的地块上进行盐碱地治理。市政府将田间工程、土壤改良等统一招投标发包，企业自筹资金进行基础设施建设和土壤改良、种植；验收通过后财政按照新增耕地评定等级给予企业定额奖补；验收入库的新增耕地交回村集体或国有场站，按规定承包给种植户和农民耕种。

大安秉承“山水林田湖草是生命共同体”思想，本着宜林则林、宜草则草、宜田则田、宜湿则湿的原则，实现林田湖草湿统筹规划。在盐碱地变农田方面，大安正在唤醒百万亩千古尘封的“沉睡资源”，依托“东稻”系列耐盐碱作物品种，走以稻治碱之路，这18亿亩耕地红线之外的盐碱地，也必将变成沃土良田，成为“盐碱地上的粮仓”。2022 年 7 月 22 日在第二届黑土地保护利用国际论坛上，大安以视频连线的方式，成功向世界推广了“碱地为源、水网为要、技术为先、政策为基、资金为本”的盐碱地综合治理大安经验。

③各地做法，让粮食丰收的局面“遍地开花”

在“梨树模式”和“大安经验”的带动下，全省各地争先学习先进的理念、先进的技术，积极贯彻“藏粮于地、藏粮于技”的战略，贯彻落实中央乡村振兴“七大工程”总体部署，紧紧抓牢吉林粮食安全八大工程政策利好。坚决筑牢“黑土粮仓”，争当现代化农业建设排头兵。结合本地实际情况，探索发展壮大之路，努力为吉林早日实现“千亿斤粮食”目标，耕耘好自己的“责任田”。

“稻花香里说丰年，听取蛙声一片。”九曲栈道，小桥流水，转动的水车，奏响生命的乐章滋润心田；红色的风车，与晚霞中的那抹骄阳相映成趣。登上高高的观光台，放眼一望，大地为纸，水稻为墨，映入眼帘的，是遒劲有力书法和五颜六色的花朵。清脆入耳的，是欢快的鸟鸣和喜悦的蛙声，馝馞盈鼻的，是浓郁的稻香和丰收的气息。田园有美景，美景画田中，人既在田园里，也在画卷中。这里不是别处，正是位于乾安县大遐畜牧场的网红打卡地——稻语花香公园。这片稻田画，从 2020 年起笔，已经连续画了三年，累计投资超过 2000 万元，吸引的八方来客累计达数十万人次。大遐畜牧场农业旅游开发能够取得成功，得益于农垦企业找到了正确的改革方向，得益于当地党委贯彻落实中央的“玉米单产提升工程”“实施乡村休闲旅游精品工程”等总体部署，紧紧抓牢吉林“良田建设工程”“农业机械化提升工程”等政策利好，认真借鉴“梨树模式”和“大安经验”，走出了一条粮食安全与经济效益相得益彰的发展之路。

大遐畜牧场是乾安县下辖的一个国有农场，建场之初以畜牧业为主，后来为适应经济社会发展，逐步转型为以农业为主。畜牧场下辖 9 个分场，11 个自然屯。其成员由东北原住民与山东移民构成，形成了既包含齐鲁大地的崇礼敬道、吃苦耐劳，又兼备白山松水的豪爽豁达、热情奔放的淳朴民风。这里曾作为吉林省三个乡村振兴现场会召开地之一。它的振兴之路并不是一帆风顺的，也经历了一段艰辛的旅程。

随着市场经济的确立，过去的农垦经营体制不再适应经济社会发展，落后的农业技术、传统的小农思想都成为大遐畜牧场改革的“绊脚石”。经过多年的探索和努力，大遐畜牧场党组于 2016 年开始了大刀阔斧的改革，并最终找到了一条以整合党建引领、技术指导、生态循环、集约统一、多元发展五位一体的创新道路。

大遐畜牧场学习先进地区的科学经验，引进西部玉米水肥一体化产效双增技术，并结合当地实际，因地制宜，开发出秸秆深翻还田、浅埋滴灌和水肥一体化等适合当地大规模应用的先进技术。根据测算，这些先进技术不仅提升了土壤肥力，还大幅度增加了粮食产量，平均增产 30%以上。大遐畜牧场利用原有体制优势，采取党组织引领方式，成立农业公司，引进先进管理经验，号召党员干部率先垂范的方式，大规模开展“土地集约”行动。到目前为止，大遐农业综合开发有限公司对推字、遐字、身字、南分四个分场的耕地以返租、职工以耕地入股方式集约耕地共计 7 万亩，职工入股 742 户、2226 人。土地集约达到一定规模后，大遐畜牧场开始着眼农业现代化，甚至是智慧化建设，一大批具有高科技含量的农事机械被购入，基本实现了从种到收全程机械化、无人化作业。在大遐畜牧场一个普通入股的农户的账本里，计算着他自己的增收情况，2020 年，参与土地集约经营，除每亩得到保底 400 元外，每亩又分红 240 元，公顷实收 0.96 万元，同比增收 40%以上。①

“冲天香阵透吉林，满城尽带黄金甲。”东北的松嫩平原，沃野千里。在吉林西部，更有万亩条田格外引人注目。这就是吉林省打造的“万亩制种基地”。在洮南市呼和车力蒙古族乡，上百公顷的玉米地，被分成了一个个整齐的方块，工人们手里拿着的不是锄头，而是纸和笔，他们每天都会记录不同试验田内的玉米苗长势情况。这里便是省内知名的洮南市玉米制种基地。近些年，作为玉米主产区的洮南，贯彻落实中央“玉米单产提升工程”“实施好优质粮食工程”等总体部署，紧紧抓牢吉林“种业振兴工程”等政策利好，认真借鉴“梨树模式”和“大安经验”，一方面强化黑土地保护，另一方面探索保障粮食安全新航道，将目光投向了小小的种子身上。如果说为了实现中国人的饭碗里装满中国粮的目标，必须提高粮食产量，那么从源头去思考问题，培育良种是保证“粮食安全”不可或缺的首要环节。如果能培育出抗倒伏、抗虫害的优质种子，堪比给农作物穿上了一层坚固的黄金铠甲，产量就有了保障。

洮南市是白城市下辖的一个县级市，地处吉林西部规划的万亩制种基地的核心地带。近些年，通过攻坚克难，洮南的玉米良种享誉国内外，俨然成了“种子之乡”。2022 年，在农业农村部发布的国家级制种大县名单中，洮南被认定为国家级玉米制种大县。

---

① 数据来源：笔者调研时由大遐畜牧场提供。

洮南大力推广“四化”种植模式，即种植集约化、全程机械化、水肥一体化和管理一致化。在车力乡采取与农户合作的方式，推广种子实验工程，引入先进的科学技术和机械化装备。与传统耕作的人工锄草不同，车力乡的每家每户都有自动除草机，不仅省时省力，而且还能降低成本，同时还可以提高土壤表层温度，促进玉米苗生长，一举多得。还采用“小垄双行、膜下滴灌”技术，并采用网格化的管理方式，将农田以 50 公顷为单位，划定规则区域，每个区域配备 1 名工作人员，负责田间管理、指导农户。为玉米制种开辟了新的增产增收途径。在车力乡玉米制种专业合作社的大力推广下，使得当地的播种时间提前 15 天，从而让玉米种子早成熟 20 天以上，为玉米制种的安全提供了充足的时间。

洮南用自己培育的良种，不仅种好了自己的“一亩三分地”，而且惠及了“十万八千里”。2023 年，洮南采用新技术的种植面积已经达到 8000 多亩。整个玉米制种基地预计可以向全国销售出数千万斤优质良种。据测算，使用良种可以增加种植密度，在正常年景下，每亩可以增产 20%左右，这大大提高了粮食单产，践行了“藏粮于技”，保障了粮食安全。

“一花独放不是春，百花齐放春满园。”在习近平总书记新粮食安全观指导下，在“藏粮于地、藏粮于技”的战略统筹下，吉林还有更多的地方，正在努力讲好自己的故事。

习近平总书记指出，农业强国是社会主义现代化强国的根基。推进农业现代化是实现高质量发展的必然要求。吉林高度重视农业科技创新，将“农业机械化”的目标升级为“农业智慧化”，贯彻落实中央“玉米单产提升工程”“扎实推进重大水利工程建设”等总体部署，推出吉林自己的“农业机械化提升工程”“智慧农业建设工程”等有效举措。

走进松原市宁江区民乐村，一条条宽敞干净的村路纵横交错，一排排窗明几净的房屋鳞次栉比。村民喜笑颜开，欢迎八方来客，到处都洋溢着建设和美乡村背景下的幸福气息。之所以能够呈现如今的景象，这里的春峰玉米种植合作社功不可没。自成立以来，合作社一方面强化黑土地保护，另一方面敢于向“科学技术要粮食”，探索出“五化”种植模式，即土地集约化、生产科技化、产品产业化、农田水利化和农业机械化。合作社在不改变土地经营权的前提下，按照农户自愿的原则，由合作社统一组织，破除界限，实现机械化连片种植。虽然农户将土地交给合作社管理，但是在大事小情上，比如在农资采购等方面，合作社会召开社员大会，民主投票决策。这种民主化的管理方式，不仅提高了粮食单产，还降低了农资成本。据测算，每公顷投入成本降低约 1000 元。合作社在集约上来的大片耕地上，采用科技含量高的“水肥一体化”技术，实现“旱涝保收”。在填埋管道时，会遇到高度差，影响滴灌效果，聪明的农民通过水管缠绕插入筷子固定的方式，保证了水肥流动的顺畅性，只用一根筷子解决了大麻烦。通过对民乐村与省农科院团队一起建立的 30 公顷水肥一体化示范田进行数据测算得知，每公顷平均产量由 20000 斤提高到 24000 斤，实现节肥 23.1%、增产 39.1%，籽粒品质达到国家一等粮标准，每公顷增加纯收入 3300 元。①

经过实际调查，以吉林省农科院王立春科研团队为代表的西部玉米水肥一体化产效双增技术，不仅在宁江区取得成功，而且有条件在吉林西部地区大面积推广应用。目前，在松原市乾安县、长岭县、扶余市、前郭县，白城市洮北区、大安市、通榆县、洮南市以及四平和长春部分地区正在大规模推广，并且，根据实际测算，平均公顷增产可达到 5400 ~ 6000 斤、增产 30%以上，水分利用效率提高 43%以上，肥料利用率提高 30%以上。②

---

① 孙翠翠：《用科技创新扛稳国家粮食安全责任——我省西部半干旱地区绿色增粮调查》，《吉林日报》2022 年 6 月 18 日。

② 孙翠翠：《用科技创新扛稳国家粮食安全责任——我省西部半干旱地区绿色增粮调查》，《吉林日报》2022 年 6 月 18 日。

2020年8月，习近平总书记视察吉林省时指出，要突出抓好家庭农场和农民合作社两类农业经营主体发展，推进适度规模经营，深化农村集体产权制度改革，发展壮大新型集体经济。吉林始终不忘习近平总书记的嘱托，致力于创新经营服务机制，并制定政策加以落实，出台了支持新型农业经营主体等4项16条措施，促进合作社高质量发展8项30条措施。在最新的“八大工程”中，明确提出“新型农业经营主体和服务主体培育工程”和“产粮大县振兴工程”，剑指农村新型合作社体系改革。

走进榆树市，正值金秋时节，丰收在望，一排排壮硕饱满的玉米迎风而立，旁边一组组各种收割机械也已经整装待发，只等“一声令下”，就会启动发动机，收获希望。榆树市有着“天下第一粮仓”的美誉，2022年粮食产量达到了62.2亿斤，连续19年夺得“全国产粮第一大县”的桂冠。让榆树造就产粮神话的因素有很多，其中最令人称道的是托管服务这一全新的农业生产关系模式。2011年，榆树市大川机械种植专业合作社正式挂牌成立。起初，和其他合作社并没有什么区别，但是随着时间的推移，大川机械种植专业合作社抓住有利时机，创新出了一条统种统收分管的全新服务型合作社新路子，形成集农业生产托管和产前产后各项服务供给于一体的综合型社会化服务主体，为周边农户提供及时、有效和便捷的农业生产服务。大川机械种植专业合作社克服合作社普遍面临的“启动资金少、农户信赖低、土地集约难”等问题，将启动资金主要用于购置先进农业机械，以机械出租为早期起步措施，逐步扩大服务范围，最终形成全程托管的一整套成熟机制。农户即便不入社也能享受到合作社的便利，合作社即便不集约农户土地也能实现大规模机械化作业和统种统收，从而大幅度降低了农业生产成本，提高了农事作业效率，为农民增产增收提供新思路。

而今，吉林省大型农机合作社已经发展到6694个，建立全程机械化新型农业经营主体734个，基本实现“一乡一主体”，由合作社牵头，推广大规模机械化作业模式，机械化水平已经达到 92%。[1] 在争当农业现代化排头兵过程中，不断涌现先进典型和创新做法，除榆树市外，德惠市、农安县等地也争先开展全程生产托管和合作式托管模式，其中，农安县成立的吉林省乾溢农业发展专业合作社联合社创新出联合模式，进一步解决了单体合作社运营中存在的融资难、农资议价能力差、粮食销售处于被动地位、农业技术更新换代慢及避险能力差等难题。这些先进做法都大规模提高了粮食产量，节约了农资成本，提高了农民收入。

吉林省探索建立黑土地保护十大模式、实现黑土地在利用中保护的一系列做法无疑是在习近平总书记重要指示批示精神统领下，在新粮食安全观的指导下，在“藏粮于地、藏粮于技”的战略下的一系列生动实践。同时，也是广大吉林人通过努力探索出的中国方案，是能够“拿得出手、讲得出去”的“吉林故事”。

吉林，将一如既往地筑牢“黑土粮仓”、普惠“父老乡亲”。

（三）结语

吉林，给自己的定位就是“国之粮仓”。作为产粮大省，吉林全面贯彻落实党的二十大精神和中央农村工作会议部署，坚决扛起习近平总书记赋予吉林“保护好耕地中的大熊猫”和“争当现代农业建设排头兵”的重任。

2023 年 7 月 22 日，是习近平总书记视察吉林、视察梨树三周年的重要日子，同时还是吉林省确定的黑土地保护日。吉林省第三届黑土地保护利用国际论坛暨第九届梨树黑土地论坛也在当天开幕。省委书记景俊海在会上强调，党

① 《风吹稻菽千重浪　万亩良田披金装》，吉林省人民政府网站，http://www.jl.gov.cn/szfzzt/jlssxsxnyxdh/gddt/202210/t20221002_8591185，html。

的十八大以来，习近平总书记三次视察吉林均对抓好粮食生产作出重要指示，为我们在新时代争当农业现代化排头兵、推进黑土地保护利用提供了根本遵循。

习近平总书记多次指出，中国人要把饭碗端在自己手里，而且要装自己的粮食。这些年，吉林省始终牢记习近平总书记殷殷嘱托，坚决扛稳维护国家粮食安全政治责任，落实“藏粮于地、藏粮于技”战略，打响“黑土粮仓”科技会战，谋划实施“八大工程”，坚持突出“四良一智”，促生产、提产能。“谷物基本自给，口粮绝对安全”的新粮食安全观，努力提高粮食产能，为全国每年 1.3 万亿斤粮食约束量作贡献；积极探寻吉林路径，为开新局、应变局、稳大局聚力量。

蓝图已经绘就，吉林已经启程。让黑土地在保护中得到利用，让盐碱地在治理中得到开发，让农业机械的轰鸣声响彻整个松嫩平原，让科学技术的光芒照亮每一亩耕地。这些都是新时代赋予吉林的重要使命。立足当下，着眼长远，吉林省将不断推进农业现代化水平向更高、更好的目标发展。正如习近平总书记在新时代推动东北全面振兴座谈会上所说：“东北一定能够重振雄风，再创佳绩。”吉林也将重拾信心，也一定会扛稳“五大安全”使命，尤其是在粮食安全上再创佳绩。

二、打造国家“粮仓肉库”和“中央厨房”

（一）引言

“我的家在东北松花江上，那里有森林煤矿，还有那满山遍野的大豆高粱……”一首风靡中华大地的《松花江上》，不知沸腾了多少国人的东方热血。今天，当战争的硝烟弥散远去，奔腾不息的松花江之于东北，就如同它繁茂的支流之于天地万物，源源不断，且生生不息，承载了无数中国人对东北地区的美好联想。这里有口感上乘的优质大米，有东北最大的肉牛交易市场，有全国储量最大、品质极佳的矿泉水资源，有东北亚重要的海产品集散地……这里就是松花江的发源地——吉林省。

吉林作为中国农业大省，位于东北地区中部，是东北黑土地的核心区域，有着得天独厚的黑土资源与区位优势。若将世界地图徐徐展开，吉林省恰位于狭长的世界黄金水稻带，是科学家公认的最佳水稻种植区域。或许是天意，世界稀有的黄金玉米带，自东北至西南与这片土地交叉重合，使吉林省成为世界三大黄金优势带的聚集地。在白山松水之间，这里注定要成为中国的“中央厨房”和“粮仓肉库”。

据2023年一季度数据显示，吉林省实现农林牧渔业总产值397.02亿元，同比增长6.6%，增速高于上年同期3.4个百分点。其中，畜牧业产值375.76亿元，同比增长 6.7%；林业产值 8.44 亿元，同比增长 6.3%；农业（种植业）产值 7.10 亿元，同比增长 3.7%；渔业产值 2.32 亿元，同比增长 6.8%。可以说在种养这件事上，吉林省做到了极致。[①]

在此基础上，吉林省瞄准发展动能强劲的中央厨房产业。作为农产品加工业的新形态，中央厨房一头连着“三农”，一头连着市场和百姓，成为当前吉林省深化农业供给侧结构性改革、争当现代农业排头兵的有力抓手。随着农产品加工业发展势头迅猛，吉林省规模以上企业农副食品加工业主营业收入对农林牧渔业总产值贡献率也从 2020 年的 30.3% 增长到 2022 年的 33.42%。[②] 而取得这一系列成就的秘诀就是吉林省致力于中央厨房产业的高质量发展。

从追求高产到量质双赢，从统种统收到结构优化，从粗放作业到绿色发展，在加快建设农业强国的新征程上，吉林省被赋予了全新的使命，今天的吉林正从粮食大省向农业强省的目标迈进，努力让中国人的饭碗盛有更多的“吉林粮”。

（二）从“粮仓肉库”到“中央厨房”

在这片神奇的黑土地上，古老的职业延续了悠久的传承，也塑造了吉林人勤劳勇敢、自强不息的优秀品质。回首来时的路，我们可以清晰地看见在黑土地上创造一片新天地的轨迹。

1. 前尘往事：黑土地上的“贡米经典”

吉林省水稻种植历史悠久。数千年前的吉林大地，清冽纯净的松花江水流

① 数据来源：2023 年吉林省一季度经济运行情况新闻发布会。
② 数据来源：吉林省统计年鉴（2020—2022 年）。

淌在山川平原之间，充足的光照加上优越的气候，滋养出肥沃广袤的有机黑土，也孕育了吉林省独特的地理风貌和灿烂的农耕文明。而其中，吉林省的皇粮贡米堪称天下经典。唐朝武则天时期，少数民族大祚荣在今吉林省境内建立了渤海国。按照规定，渤海国作为东北的一个地方政权，每年要向唐王朝进贡。698年，75岁高龄的武则天以“渤海国新君登基，不敬天朝，拥兵自重”为由，剑指渤海，兵发宁古塔。而这场持续了7年之久的战争，背后的真实原因竟是渤海国没有向唐王朝进贡其盛产的大米。可见，能让武则天为一口饭食发起战争，吉林大米确有其魅力所在。据《新唐书卷二一九列传第一四四·北狄》对渤海国大米的描述：“重如沙，亮如玉，汤如乳，溢馨香。”这就是当时渤海国盛产的“卢城之稻”，堪称米中极品，这里的“卢城”指的就是现今吉林省延边至公主岭一带。705年，渤海国大败，“卢城之稻”开始作为皇家贡米每年向唐王朝进贡，自此吉林大米享誉华夏。

时间转眼来到清朝，随着吉林大米逐渐被国人熟知，清政府专门在吉林省延边地区开垦御用良田生产皇室贡米，吉林大米再次被封建王朝指定为御用贡米。1647年，清廷在吉林乌拉城设置打牲乌拉总管衙门，主要负责吉林大米等进贡事宜，所以清朝时期曾流传“南有江南织造，北有打牲乌拉”的说法，而这里的打牲乌拉重点指的就是吉林大米。1682年，康熙第二次东巡至松花江之滨，因享用了打牲乌拉总管衙门进献的米饭，留下诗云：“山连江城清水停，稻花香遍百里营，粗碗白饭仙家味，在之禾中享安宁。”1752年，乾隆东巡至吉林省吉林市，也曾赋诗盛赞吉林大米：“松江万里稻兴滔，碎碾珠玉降琼瑶。绵香宜腹还添力，慰我黎庶尽辛劳。”至今，这首诗仍在民间广为流传，成为吉林大米声名远播的有力佐证。

承于历史，吉林大米规模化种植始于近数十年间。19世纪末20世纪初，随着东北开禁，饱受日本蹂躏和摧残的朝鲜人开始大量逃亡东北，史称“朝鲜移民”。随着朝鲜移民在东北越聚越多，1881年，清政府在今天的吉林省延边州珲春境内设立招垦总局，并把图们江以北长 700 千米、宽 45 千米的龙峪地区划为朝鲜移民专垦区，以加强对朝鲜垦民的管理。并通过“薙发易服”“领照纳租”，授予朝鲜垦民土地所有权。由此，水稻种植开始在吉林省迅速铺开。1877 年，吉林省延边地区开始种植水稻。1881 年，朝鲜移民在图们江流域开垦土地 8000 余垧。为了灌溉稻田，朝鲜移民开凿出一条条水渠，使得东北的水利灌溉工程得到迅速发展。1906 年，吉林省延吉市 14 名朝鲜移民开挖水渠 1308 米，引河水灌溉 33 垧水田，成为延边地区最早的灌溉工程。

其实，一开始朝鲜移民主要是开垦汉族和满族不屑一顾的湿地，由于最初稻米与旱田谷物价格相差无几，朝鲜移民只是自给自足，水稻种植没有得到重视。而“闯关东”流入东北的中原民众也依然保留种植小麦的农耕传统，对于种植水稻并不擅长。但 1910 年后，随着第一次世界大战爆发和稻种改良、耕种面积的扩大，水稻单产高于小麦、大豆的经济价值和市场价值很快得到凸显。加之种植水稻大多利用废弃湿地，不会浪费原有农耕面积，于是东北地区上至政府，下至农民开始意识到种植水稻的重要性，向移民到东北的朝鲜人学习水稻种植技术。在朝鲜移民的带领下，东北水稻田越来越多，1921—1928 年，东北地区的水田面积从 4.8 万公顷扩大到 12.5 万公顷，其中 80% 以上由朝鲜移民开垦或耕作。1934 年，仅占东北人口 3.3% 的朝鲜族，生产了 90.1% 的东北大米。正是由于第一批朝鲜移民打下的基础，吉林省的水稻种植业才逐渐形成气候，一直延续到现在，吉林省成为我国的稻米主产区之一。

新中国成立之后，吉林大米曾多次调进北京作为人代会和国宴专用米。1958 年，周恩来同志为吉林通化西江贡米作业区亲笔签署了“全国水稻优质先进作业区”奖状。2013 年和 2015 年，中国粮食行业协会分别授予吉林市“中国粳稻贡米之乡”和长春市“优质粳米之都”的称号。吉林大米的种植环境和生长特点成就了其松软细腻、润滑香糯、晶莹剔透、入口香绵的独特口感，成为吉林省向中国递出的一张“银色名片”。目前，吉林省主推的水稻品种有吉粳系列、九稻系列、长白系列、通育系列、通禾系列、吉农大系列、秋田小町、稻花香 2 号等数十个，每年 9 月中旬之后，采购吉林大米的客商就会从全国各地奔向吉林省各大优质水稻主产县。于是，优质吉林大米就会坐着火车、汽车、轮船和飞机源源不断地抵达全国各地。昔日的“珠玉琼瑶”已然成为寻常百姓的桌上餐。

2. 再续前缘：黑土地上崛起的“大国粮仓”

遥望稻乡遍地金，沉思往事尽前尘。吉林大米寄情于这片黑土地，穿越千年流传至今，已经成为烙印在每一位国人心中的吉林记忆，并在新的时代焕发出全新的生机。如果之前我们说大米是吉林省的一张“银色名片”的话，那么玉米和杂粮杂豆就是吉林省的“金色名片”和“彩色名片”。三者交织在一起共同筑牢了这片黑土地上的“大国粮仓”，接下来就让我们把镜头拉回到新中国成立之初的吉林省。

新中国成立之初，小规模生产经营的农民难以凭借一己之力在水利与农业机械等需要大规模投资的生产条件上进行改善，以致吉林省粮食产量并不高。1949 年吉林省粮食种植面积仅为 4165.3 千公顷，相当于全国粮食播种面积的 3.68%。1958 年随着一场声势浩大的“人民公社化”运动在中国农村全面铺开，1958 年 8 月 20 日吉林省第一个人民公社——海龙县曙光人民公社诞生。至 8 月下旬，长春、吉林、永吉、榆树、怀德、开通、海龙等 20 个市县相继建立 28 个人民公社。这在一定程度上强化了农业生产中的集体经营，增强了农户改善生产条件的能力。一直到 1975 年，吉林省粮食总产量迎来了新中国成立初期到改革开放之前的峰值——首次突破 1000 万吨大关。到 1977 年，吉林省粮食作物形成了大豆、玉米、谷子、高粱“四足鼎立”的局面。总体来看，在改革开放之前这段时间，虽然吉林省的粮食生产总体发展缓慢，但却夯实了粮食生产的基础，最大限度地实现并保证了粮食生产上的稳定与提升。

1978 年改革开放以后，农业生产从计划经济体制中解放出来。1983 年吉林省被国家确立为商品粮基地，家庭联产承包经营责任制开始在吉林省内全面铺开。1984 年下半年人民公社制度宣布解体，农民积极性得到极大调动，吉林省粮食生产开始进入快速增长阶段。吉林省德惠县有一远近皆知的“懒汉屯”叫小洼子村。“包产到户”以前，村里人锄地只锄地头，一到地中间的“青纱帐”里，大家便坐下来，女人纳鞋底，男人甩扑克，老人或抽烟或睡觉。包产到户以后，责任制唤起了责任心，粮食产量逐年攀升。1979—1983 年，吉林省开始在全省范围内推广小洼子村的成功经验，并发出“加快全省农业改革步伐”的号召。有了对包产到户的充分肯定，1982—1998 年，吉林省粮食产量先后突破了 200 亿斤、300 亿斤、400 亿斤、500 亿斤大关，玉米播种面积也由 1978 年的 42.2% 上涨到 1998 年的 67.9%，增长率远超过 50%。大豆、高粱、谷子播种面积持续减少。很显然，此时的玉米产量已经占据了吉林省粮食生产结构的“半壁江山”。

2023 年 9 月，习近平总书记在主持召开新时代推动东北全面振兴座谈会上为东北三省抓好粮食生产把脉开方。“当好国家粮食稳产保供‘压舱石’，是东北的首要担当。要始终把保障国家粮食安全摆在首位，加快实现农业农村现代化，提高粮食综合生产能力……”一句句嘱托、一句句期盼，鼓舞着吉林勇担产粮大省的重担。新时代以来，吉林省粮食产量连续 10 年超过 700 亿斤。2021 年面对新冠疫情和极端气候的严峻考验，吉林省粮食产量首次跃升 800 亿斤新台阶；2022 年吉林省粮食总产量达到 816.16 亿斤，在 2021 年登上 800 亿斤新台阶的基础上，增产 8.32 亿斤，再创历史新高，这也意味着吉林省为 14 亿多中国人的饭碗里多装了半斤粮。2022 年 5 月，吉林省第十二次党代会部署了“千亿斤粮食”工程，提出到 2035 年粮食产量达到千亿斤的新目标，吉林省粮食接续迈上新高。为此，吉林省以“四良一智”为抓手，全面推进良田、良种、良机、良法、智慧农业五大工程建设。

吉林省农业机械化持续推进（吉林梨树黑土地学院供图）

一是良田。推动东部固土保肥、中部提质增肥、西部改良培肥，建设黑土地保护“一张图”大数据管理平台。重点从产能挖潜和后备耕地开发两方面发力，到 2035 年，基本实现旱能浇、涝能排的高标准农田粮食作物全覆盖，耕地质量再提升 1 个等级。

二是良种。加快推动种质资源创新平台、生物育种联盟、良种繁育基地和公主岭现代农业种业产业园等重点项目建设，强化种业科研攻关，培育具有自主知识产权的“吉字号”优良品种，大力推进“育繁推”一体化。到 2030 年，培育综合实力全国十强种业企业 1~2 家，研发突破性品种 200 个以上，实现粮食作物种子更新换代。

三是良机。大力推进农机应用主体装备建设，加快推广植保无人驾驶航空器作业、“全程机械化 + 综合农事服务中心”等模式。到 2030 年，建设比较完善的农机应用装备主体 1800 个，粮食作物综合机械化水平达到 98% 左右。

四是良法。普及标准化技术规程，集成推广精量播种、秸秆还田、生物防控等增产增效技术，提升洪涝、台风、秋吊、重大病虫害监测预警和防控能力。到 2030 年，3000 亩以上规模经营和服务主体达到 10000 家，其中 4500 亩以上主体 3000 家、7500 亩以上主体 200 家。

五是智慧农业。加快智慧农业云平台和农业卫星遥感平台升级建设，推进“吉林一号”卫星、北斗智能终端在农业生产领域的应用，大力发展“互联网 + 农机作业”模式，抓好农业全过程无人化作业试点，开展智慧农场试点，提升粮食安全气象保障能力。到 2030 年，数字化行政村达到 90% 以上。

今天的吉林省在建设“千亿斤粮食”工程中有更多的新故事讲述，在守护大国粮仓的道路上继续行稳致远。

3. 接力奋斗：从“天下粮仓”到“全国肉库”

一山为脊，千里平畴。假如从高空俯瞰吉林省，东部长白山区林海茫茫，中部黑土地沃野千里，西部草原湿地辽阔无边，在吉林大地上宛如界限鲜明的天然牧场，这里正在悄然成为中国北方崛起的新“肉库”。

新中国成立初期，为了解决人民群众温饱问题，我国制定了“以粮为纲”的发展路线，优先发展粮食生产。在此背景下，吉林省的畜牧业主要处于副业地位，生产发展非常缓慢。以生猪存栏总量为例，1965 年吉林省生猪存栏 240.3 万头，到 1978 年生猪存栏 581.6 万头，13 年间吉林省生猪存栏的年均增长率仅为 7.03%。[①] 由于猪肉稀缺，肉票也就成为这个时代独有的记忆。相信经历过计划经济年代的人都知道，想吃肉就必须凭肉票，而且每人每月肉票供应有限。当然，有了肉票只能说万里长征迈出的第一步。由于吉林省猪肉不能实现自给自足，供不应求的现象时有发生，人们为了买到猪肉，不论刮风下雨、严寒酷暑，都必须起早排长龙。排在前面的或许能如愿以偿，排在后面的就只能望“肉”兴叹了。所以从新中国成立到改革开放之前，吉林省畜牧业的发展步伐要远远落后于种植业，处于从属地位。

改革开放之后，吉林省通过鼓励私人饲养，发展专业户，畜牧业在农业生产中的地位逐渐得到提升。1989 年吉林省猪肉首次实现自给；1990 年吉林省开展“万马奔腾”工程，自此，吉林省逐渐实现了由畜产品输入省份向输出省份的跨越；进入 21 世纪之后，吉林省畜牧业生产走向标准化、规模化、安全化，逐渐成为农民增收的主业。2007 年吉林省畜禽养殖业产值实现了 575 亿元，占农林牧渔业总产值比重达到 57.48%，吉林省畜牧业产值首次超过种植业，为吉林省打造“大肉库”奠定了坚实基础。[②]

近年来，随着我国畜牧业转型升级步伐加快，现代化水平明显提升，规模化生产成为主导。作为全国重要的优质肉牛主产区，吉林省肉牛总量规模、质量标准、种源建设等均处于全国领先水平。2023 年，当你走进吉林省长春皓月集团沃金黑牛养殖示范基地，你会惊奇地发现，在 1.5 万平方米基地正中央，800 头育肥期的黑牛正在听着音乐，或进食，或踱步，或是在仪器下“享受按摩”。依托大数据，长春皓月集团沃金黑牛养殖示范基地给每头牛进行了编号。一扫编号，肉牛的月龄、进食、免疫状态，以及在各月龄吃了多少饲料、育肥各阶段长了多少斤肉，都一清二楚。这些膘肥体壮的沃金黑牛，是皓月集团自

① 闫大柱：《吉林省现代畜牧业建设的研究》，吉林农业大学博士学位论文，2011 年。
② 闫大柱：《吉林省现代畜牧业建设的研究》，吉林农业大学博士学位论文，2011 年。

主繁育的专利品种，其饲养技术和生长环境都要远远高于传统养殖肉牛。每头沃金黑牛重约 750 千克到 850 千克，平均能出 450 千克肉，按品质分为 5 个级别出售，每千克售价 90 元到 2600 元不等。按每千克均价 300 元算，一头沃金黑牛光牛肉的销售额就能超过 13 万元，相当于一台普通家用轿车的价格。如今吉林省这“四个蹄子”已经追赶上了“四个轮子”。而像这样的规模化生产，长春皓月仅仅是吉林省畜牧业大项目中的一个缩影。目前，吉林省共有千头以上肉牛产业化大项目 209 个，万头以上牛场 21 个。①这些新增的家底背后，都离不开吉林省每年产生的 4000 万吨秸秆，是吉林省打造“国家肉库”的重要底牌之一。

2021 年 9 月，吉林省启动“秸秆变肉”暨千万头肉牛建设工程，建设承载粮食及副产物转化增值的畜牧大产业，打造全国“大肉库”。明确到 2025 年，全省肉牛发展到 1000 万头，其中存栏 600 万头、出栏 400 万头，肉牛全产业链产值达到 2500 亿元。而在具体实践中，“秸秆变肉”是否可行，千万头肉牛能否实现，成为今后吉林省打造“大肉库”的两个重要着力点。首先，秸秆是畜牧业生产中可利用的粗饲料资源，在牛饲料中必须有一定含量的粗纤维，秸秆本身就含有粗蛋白质和矿物质等，因此可以在牛瘤胃中转化为牛日常所需要的能量和微生物蛋白，其消化利用率可达到 70%；同时，吉林省年均产出秸秆 4000 万吨，按照每头牛每年 3 吨粗饲料储备，按照千万头牛计算，一年可过腹转化秸秆 3000 万吨，吉林省秸秆饲料非常充足。其次，目前吉林省现有基础母牛超过 200 万头，具备生产群体繁殖增量的基础。②如果使用性别控制精液，前期 2~3 年鼓励多产母牛，可以加速基础母牛的扩群增量。后期鼓励多产

---

① 《吉林：借“牛势”兴“牛业”从畜牧大省向畜牧强省跨越》。吉林省人民政府网站，http://www.jl.gov.cn/szfzt/jlssxsxnyxdh/gzjz/202301/t20230110_8657822.html。

② 《吉林省人民政府办公厅关于实施“秸秆变肉”暨千万头肉牛建设工程的意见》。

公牛，可以扩大育肥牛和牛肉生产能力，产生更大的效益。如果性控精液生产效率和使用面达到预期目标，千万头肉牛可能提前实现。

事实上，“秸秆变肉”暨千万头肉牛建设工程就是一个农牧循环、生态有机的产业体系。在梨树，“人均一头牛”成了产粮大县的新目标。在当地，30%的秸秆用于还田后，剩余的秸秆就用来养牛，牛粪再进行还田，县委书记曾范涛将其称之为“梨树模式 2.0”版本。截至 2022 年底，梨树县肉牛养殖量达到 58.8 万头，顺利实现“人均一头牛”目标，增加农民收入近 18 亿元。“小规模、大群体、藏牛于民、富裕于民”正是肉牛工程的要义所在。在农安县，长春城开农投公司投资建了一个绿色循环肉牛产业示范园区，负责人告诉记者，通过“公司 + 合作社 + 农户”，以“放母收犊”的形式将母牛放养到周边养殖合作社，预计到“十四五”末，可带动农安周边 4.5 万农户养殖肉牛达 30 万头，年均增收 1.2 万元。从让老百姓吃上肉到吃“放心肉”，在“秸秆变肉”暨千万头肉牛建设工程的引领下，如今的吉林省正借着“牛势”兴“牛业”，全力打造国家“大肉库”。①

4. 乘势而上：农业涅槃重生中的“大厨房”

从一粒粒粮食，一条条产业链，到餐桌上的美味。如何利用好农业特色资源优势，既让百姓吃得饱，又让百姓吃得好？近年来，吉林省以农产品食品加工业为突破口，持续深耕“中央厨房”产业，促进“大粮仓”“大肉库”向“大厨房”的转型升级，从而助力农业大省向农业强省的完美跃升。

2023 年 9 月，习近平总书记在新时代推动东北全面振兴座谈会上强调：“协同推进农产品初加工和精深加工，延伸产业链、提升价值链，拓展农业发展空

① 何兰生、焦宏、曹茸等：《吉林，兴于粮，岂止于粮！》，《农民日报》2021 年 11 月 3 日。

间，促进农业增效、农民增收。”关于这一点，吉林省的体会尤为深刻。众所周知，吉林省作为传统的农业大省，其丰富的农业资源是今天吉林省作为全国“粮仓肉库”的最大优势和最强底气所在。但由于农产品加工业总体规模小、产业结构不优、精深加工不足、加工转化率不高等问题，造成吉林省农产品空有数量，而缺乏质量。2023 年《关于建设农业强省提升粮食产能全面推进乡村振兴重点工作的实施意见》提出，要聚焦打造万亿级农业及农产品加工业和食品细加工产业，发展壮大十大产业集群，建设好百姓的“中央厨房”，为吉林省推进农业高质量发展、迈向农业强省指明了方向。为此，吉林省从“粮头食尾”“农头工尾”“畜头肉尾”破题，依托农特产品资源优势，积极推进“玉米水稻、杂粮杂豆、生猪、肉牛肉羊、禽蛋、乳品、人参（中药材）、梅花鹿、果蔬、林下及林特”十大产业集群建设，通过建链、延链、补链、强链，实施全产业链开发，发展粮食深加工和食品加工业，深度开发“原字号”，逐步由“卖原料”向“卖产品”、由“粮仓肉库”向“中央厨房”进行转型升级。截至 2021 年底，吉林省农产品加工业和食品产业共谋划储备重点项目 189 个，开工 178 个，完成投资 239 亿元，省级以上龙头企业发展到 600 户，其中国家级 63 户。而白城梅花三期、佐丹力素食全餐、镇赉飞鹤婴幼儿配方乳粉、东辽“中国蛋谷”等各地级项目也正在加快推进。[①] 2022 年吉林省农产品加工业和食品产业“十大产业集群”100 个重点项目完成投资 124 亿元。省级重点龙头企业发展到 657 户。新建各类棚室 2.93 万亩。1—11 月，规模以上农产品加工业和食品产业产值达到 2170 亿元。[②] 透视吉林省农产品食品加工业的蓬勃发展路径，不难发现，打造“中央厨房”产业的密码就在其中。

---

① 王帝元：《吉林省粮食产量再上新高　增长率居全国前十大产粮大省第 1 位》，人民网 - 吉林频道，http://jl.people.com.cn/n2/2022/0124/c349771-35109981.html。

② 2023 年吉林省《政府工作报告》。

乡村干部入户指导大棚种植（中共镇赉县委组织部供图）

“大手笔”做强产业集群，助力“中央厨房”产业的高质量发展。目前，吉林省将建设十大产业集群作为重要抓手，着力打造万亿级农业及农产品加工和食品细加工产业工程。预计到2025年，吉林省要培育打造一批自主创新能力强、加工水平高、处于行业领先地位的农产品加工和食品企业，大幅度提高粮食、畜禽和特产品精深加工比重，构建现代乡村产业体系，力求用5~10年时间，推动农业及农产品加工业和食品产业产值接近万亿级规模。为了顺利完成这一目标，2023年长春国家农高区率先发力，借助公主岭市独特的玉米产能优势，在距长春市区30千米的102国道旁，建立起了一座食品产业园区。园区建成后，公主岭市依托农嫂、祥裕等20多家本地鲜食玉米企业形成的产业基础，大力发展鲜食玉米、休闲食品、功能食品产业集群。到2025年玉米精深加工板块实现产值185亿元。“这个产业园建得好，能够有效地形成聚集力，通过共享资源带动关联产业发展，从而有效推动产业集群形成。”这是上海誉球食品有限公司入驻食品产业园区后的最大感受。目前，上海誉球食品有限公司可年产 30 万桶阿米哥爆米花项目，年创产值可达 1 亿元，税收 2000 万元；不仅如此，福建聚春园食品有限公司投资 1 亿元建设的预制菜项目也成为国家农高区食品产业园区的重头戏，尤其是作为时下发展最快的速食品行业，因耗材相对丰富，可以最大限度消纳公主岭本地的果蔬、肉品及玉米制品等，从而有效地将田间与市场连接起来，促进“中央厨房”产业的高质量发展。

小农户连着“中央厨房”，看一只鸡的产业链有多长。走进位于德惠经济开发区的吉林德翔食品有限公司亿羽孵化中心，一枚枚种蛋被安放在智能孵化柜中，不论种蛋周龄、大小，只需动动手指，孵化控制便自动完成。鸡雏经过人工精选后将被送至养户家进行肉鸡代养，其间不仅为其提供饲料、防疫等各项服务，将来还会以保底价格收购肉鸡，免去了小农户的后顾之忧。“原来家里也就能养 3000 只鸡，后来在企业的帮助下，把鸡舍翻建了，现在能养 3 万多只鸡。生活越来越好啦！”已经跟德翔合作了 7 年的养户刘军山笑呵呵地说。此外，在德翔的肉鸡分割车间内，从分割产品到各种熟食和休闲食品，可以看到一只鸡的价值链被提升到了极致。针对鸡羽毛、鸡内脏、鸡骨架等，德翔开发出了羽毛蛋白粉、宠物食品、鸡骨浓汤包等，利润成倍增长。“目前我们每天可加工 6.7 万只肉鸡。”德翔公司副总经理黄成金面露自豪地说。不仅如此，在布海镇义和村八社，一幢现代化厂房拔地而起，这是德翔产业链上的又一个增长点——有机肥生产车间。企业利用鸡粪与秸秆混合发酵，生产绿色有机肥。除了企业种植板块自用，还大量供应周边香瓜种植大户，大量用于黑土地保护和高标准农田建设等。德翔正在全省布局建设肉鸡全产业链项目。2020 年以来，已累计完成投资 17 亿元，建设投产 2 座祖代种鸡场、4 座父母代种鸡场、3 座孵化场、2 座生物有机肥厂。累计发展农民养殖户 2 万余户，支付代养资金 5 亿余元，为 157 户农户提供 2 亿余元担保贷款，80% 以上农户建起了标准化鸡舍，同时带动数千名农民返乡就业，户均年出栏肉鸡 17 万只，收入增加 4 倍以上！[①]

梅河口市双兴镇天意家庭农场（隋二龙 摄）

科技赋能，深耕“舌尖上的产业”品牌。当前，吉林省全面实施品牌强农战略，发挥品牌效应，成功打造了吉林大米、吉林玉米、吉林杂粮杂豆、吉林长白山人参、吉林长白山黑木耳、吉林优质畜产品、吉林梅花鹿七大“吉字号”农业品牌。而在这些品牌的背后却都离不开科技力量的支持。走进吉林省农嫂食品有限公司的生产车间，你会看到一穗穗鲜食玉米正在经过切割、清

① 《提升“头尾相连”价值链 培优“舌尖产业”生态圈》，人民网－吉林频道，http://jl.people.com.cn/n2/2023/0811/c349771-40527881.html。

洗、塑装、蒸煮等多道程序，销往全国各地。鲜食玉米主打的就是新鲜和口感，因此对于玉米的品质要求非常高。为此，农嫂食品充分发挥公主岭市玉米产业的先天优势，将目光聚焦在鲜食玉米精深加工产业，通过加大对科技创新力量的投入，不断提升鲜食玉米的品质。一方面，农嫂食品与江南大学合作建立了玉米、果蔬食品联合研究中心，主要研发方向为鲜食玉米、果蔬类产品开发及新产品生产工艺的研发，现已研发出真空充氮玉米粒、真空玉米杯、真空保鲜南瓜、真空保鲜地瓜等产品，其中真空充氮玉米粒已经申报国家发明专利，并已获得 14 项实用新型专利；另一方面，该中心还为吉林省的鲜食玉米行业提供服务，对玉米的营养、微生物、种植土壤、重金属含量等进行检测，以保证鲜食玉米的优良品质。此外，农嫂食品还与科研院所联合研发速冻玉米快速解冻技术，破解鲜食玉米生产瓶颈，带动省内外 21 家速冻鲜食玉米企业协同发展。有了科技的赋能，吉林农嫂的鲜食玉米出口至澳大利亚、新西兰、荷兰、德国、俄罗斯等 16 个国家和地区，已经逐渐成为国内鲜食玉米出口的龙头企业。①

当中国百强县之首的昆山财政收入已超过 400 亿元时，排名全国前十位的吉林省 5 个产粮大县平均财政收入还不到 10 亿元。有人把粮食大省视为一种牺牲，但吉林却从不这样认为。早在 2015 年习近平总书记就对吉林省农业寄予厚望，“率先实现农业现代化、争当现代农业建设排头兵”。习近平总书记的重托犹如定海神针，让吉林省坚定地依靠自身优势走出一条农业现代化之路，如今的吉林省在打造国家的“粮仓肉库”“中央厨房”上不断贡献“吉林经验”。

---

① 张欣禹:《“农嫂”锁住鲜嫩　玉米“华丽转身”》,《长春日报》2023 年 12 月 12 日。

（三）结语

1988 年，时任福建宁德地委书记的习近平同志在闽东九县调查时，写下了这样的随感："闽东主要靠农业吃饭，我们穷在'农'上，也只能富在'农'上。"[①]30 余年的洞见兜兜转转，如今的吉林还是将目光聚焦在农业发展上。从"粮仓肉库"到"中央厨房"，立足资源禀赋，发挥农业大省优势，吉林省率先实现农业现代化的发展路径清晰可见。

一是抓粮传统不能丢。吉林省粮食生产根植于悠久的农耕文明传承至今，承载了吉林人最质朴的民风和深沉的热爱，是吉林农业发展的根和魂。作为吉林农业的首要任务、立足之本、最大价值，无论什么时候、什么情况，粮食生产这根弦一刻也不能放松，稳粮保供这个历史性重任必须时刻担在肩上，丢掉了粮食这个根本就丢掉了政治责任，经济发展的巨轮就走不稳、走不快，对农业大省是这样，对"大国粮仓"亦是如此。

二是问题导向不能少。"三农"工作千头万绪，怎么才能干到点子上？吉林善于从突出的矛盾和问题入手，抓准抓巧。问题是前进的"痛点"，也是创新的起点，抓住牵一发而动全身的问题，就抓住了经济社会发展的"牛鼻子"。从实施"千亿斤粮食产能工程"到"秸秆变肉"暨千万头肉牛工程，再到打造万亿级农产品加工业和食品产业，吉林找准要害症结、有的放矢，瞄准关键、重点发力，打造创新性和标志性工程，取得了事半功倍的效果。

三是立足优势做文章。如何把资源优势转换为富民优势，把短板变成增长极？新优势就藏在老优势之中，也必须从老优势上发力。吉林的体会最"痛彻"，收获的果实也最甘甜。吉林正是深刻认识到，打造"粮仓肉库"不是为了

---

① 习近平：《摆脱贫困》，福建人民出版社 1992 年版，第 4 页。

原料的输出，而是通过粮食、肉牛等农产品深加工、细加工，打通了产业链条，实现转化增值，促进了三产融合。资源禀赋从无优劣之分，只要立足优势，做足特色，从根子上想办法，就能洞开一片天地。

吉林的母亲河——松花江蜿蜒而下，她穿流过长白山茫茫林海，这里是人参、梅花鹿、林蛙的家乡，她哺育了肥沃的松辽平原，这里以盛产玉米、大豆、水稻而声名远扬，她滋养了科尔沁草原，这里水草肥美，遍地牛羊……如今的吉林正在奋力书写独属于这片黑土地的耕耘故事。

第二章

吉品吉造
改革创新赋能振兴发展

实现高质量发展，离不开科技创新“最大增量”的支撑，也离不开国有企业“最大底气”的保障。产业结构之“优”，新兴动能之“劲”，振兴突破之“源”，需要科技创新的赋能增效和国企改革的行稳致远。推动质量变革、效率变革、动力变革，要在牵住创新发展“牛鼻子”，下好新质生产力发展“先手棋”的同时，走出国企发展“振兴路”，打好国企事业“改革牌”。科技创新是动能、是趋势、是机遇，是“新突破”的必由之路；国企改革是优势、是潜力、是未来，是“新担当”的不二法门；两者相得益彰，是“新作为”的必由之路。一汽红旗、中车长客、长光卫星，这些“吉字号”品牌正是有了科技创新与国企改革“两步走”，才能将“创新力”与“改革力”转化为“生产力”，进而走出了一条开拓进取、砥砺前行的奋斗之路，为吉林全面振兴率先实现新突破汇聚起了磅礴力量。

一、推动科技创新，塑造吉林发展新优势

（一）引言

习近平总书记强调："科技是国之利器，国家赖之以强，企业赖之以赢，人民生活赖之以好。"[①] 世界百年未有之大变局加速演进，科技创新在经济社会发展中的作用更加凸显。新一轮科技革命和产业变革深入发展，国际力量对比深刻调整，发展条件深刻变化。以科技创新推动可持续发展，成为解决一些重要全球性问题的必由之路；中华民族伟大复兴战略全局要以中国式现代化来推进，在未来现代化强国建设过程中，必须全面加强对科技创新的部署，实现更高水平的科技自立自强。科技创新是破解增长瓶颈的关键，是贯彻新发展理念的支点，更是推动改革发展的新引擎。

习近平总书记在新时代推动东北全面振兴座谈会上强调："推进中国式现代化，需要强化东北的战略支撑作用。"2021 年，吉林在东北三省一区率先获批建设创新型省份，成为全国第 11 个创新型省份。吉林省综合科技创新水平指数由全国第 19 位提升至第 17 位。区域创新能力上升 9 位，上升幅度居全国第一。[②]

① 《习近平谈治国理政》第二卷，外文出版社 2017 年版，第 267 页。
② 《白山松水间，智能制造绘就新发展新画卷》，《科技日报》2022 年 7 月 18 日。

吉林省始终厚植科研优势，坚定不移深入实施创新驱动发展战略，着力优化科技创新生态，着力增强原始创新能力，着力加强关键核心技术攻关，着力提升创新载体建设水平，着力激发创新主体活力，科技创新支撑引领经济社会高质量发展取得积极成效。习近平总书记多次强调，“企业是创新的主体，是推动创新创造的主力军”，“构建新发展格局最本质的特征是实现高水平的自立自强”。吉林省涌现出“复兴号”高铁、红旗品牌汽车、“吉林一号”卫星等标志性成果，努力突破关键核心技术，为经济腾飞插上科技翅膀。

（二）依靠创新催生发展新动能

2023 年 9 月，习近平总书记第一次提出“新质生产力”。新质生产力起点是“新”，关键在“质”，落脚于生产力。2015 年 7 月，习近平总书记来到中国中车长春轨道客车股份有限公司视察时强调：“要把装备制造业作为重要产业，加大投入和研发力度，奋力抢占世界制高点、掌控技术话语权，使我国成为现代装备制造大国和强国。”中车长客以创新为笔，交出一份厚重的成绩单。2020 年 7 月，习近平总书记来到一汽集团研发总院视察时强调：“我们要成为制造业强国，就要做汽车强国。”“推动我国汽车制造业高质量发展，必须加强关键核心技术和关键零部件的自主研发，实现技术自立自强，做强做大民族品牌。”一汽的改革发展，是吉林省浴火重生、凤凰涅槃的典型案例。2020 年 7 月，习近平总书记视察长春新区时强调：“高新科技园区要围绕国家战略需要，坚持高水平规划、高标准建设，走集约化、内涵式发展道路。”长光卫星只是长春创新引领的一个缩影。

1. 高端产业“有中生新”——中车长客“大国重器”

“疾驰在祖国各地的高铁列车，有 40% 左右产自中车长客。‘复兴号’从启动研发到最终定型，历时 5 年，历经 503 项仿真计算、5278 项地面试验、2362 项线路试验。采用的 254 项重要标准中，中国标准占到 84%，从此，中国成为高铁领域新的竞赛规则的重要制定者和主导者。”说起辉煌的发展成果，中车长客“复兴号”CR400BF 系列动车组副总设计师朱彦如数家珍。[①]中车擦亮了中国高铁这张亮丽的名片，走稳了“中国智造”之路。中车长客的奇迹在书写着中国崛起的历史，它的成功密码究竟在哪里？

中车长客“复兴号”动车组（霍磊 摄）

（1）自力更生的创业精神[②]

纵观长客建厂历程，是长客人的自力更生，“生产”了一个工厂，书写了一段历史。1953 年，“一五”计划迎来开局之年，当时全中国人均铁路里程仅有不到 5 厘米，长客作为新中国成立后第一个建立的轨道客车工厂，肩负起了重要的时代使命。建设项目上马不久，苏联专家撤走，国家也因经济困难提出项目“下马”，长客不得已只能自行承担起建厂任务。“工厂当战场，争当模范立大

① 《中车长客：自主创新　奋楫扬帆再启航》，长春发布，http://baijiahao.baidu.com/s?id=1747134847840938701&wfr=spider&for=pc。

② 参见路丰源《变迁中的中国长客》，中国吉林网，http://news.cnjiwang.com/jwyc/201811/2761031.html。

功！”一望无际的建设工地上彩旗飘扬，你追我赶。背水一战的征途上，涌现出无数英雄人物。

徐永财，一个普通的共产党员、老工人。面对水泥供应不足，泡沫混凝土生产停滞的紧急关头，他下定决心：“不解决问题，绝不罢休！”闷热的天气下，经过连续试制 28 次、33 种配方，他成功制作无熟料泡沫混凝土，为每立方米的生产成本降低 66 元，为国家节省水泥 1500 多吨。

王忠顺，被群众称为“好管家”，他经手管理着2000多种设备、工具和材料，几年来未丢过一件。每当黑夜来临，这个 50 多岁的“好管家”，都要拿着手电，仔细检查设备，关闭门窗。遇到大风大雨，就一个人蹲在巨大的厂房里通宵守护。

长客第一代地铁设计师冯伯欣说：“没有图纸，我们就借鉴铁路客车的设计思路；没有工艺材料，我们就一边设计工艺装备一边总结试制经验。厂内环形地铁试验线，就是我们利用业余时间手提土篮、肩扛枕木建起来的。”

爱厂如家，珍惜国家一砖一瓦、一钉一铁，第一代长客人用艰苦卓绝和不懈努力，推动着年轻的长客不断前进。第一代地铁人，没有图纸，甚至有些人连地铁的照片都没见过，最终，1967 年研发出了中国的第一代地铁。

（2）精益求精的工匠精神[①]

在全国优秀共产党员、中车长客焊工李万君看来，“工匠精神”有两种。一种是创新发明开拓，攻克非凡的难题；另一种是始终如一，把平凡做到极致的坚持。

1987 年，初入职场，李万君披挂着厚重的帆布工作服，扣着封闭的焊帽，和工友们在电焊车间水箱工段的烟熏火燎中淬炼意志。焊枪喷射着 2300 摄氏度的烈焰，瞬间将钢铁融化。炎热盛夏，车间里火星四溅，烟雾弥漫；声音刺耳，气味呛鼻。一年后，一起入厂的 28 个小伙伴有 25 个离职，李万君留了下来。

---

① 参见姚湜《“大国工匠”李万君：在平凡中平凡》，新华网，http:www.xinhuanet.com/politics/2016-10/10/c_1119755088.htm。

焊工是非常苦非常累的工作，厂里要求每人每月焊 100 个水箱，他总会多焊 20 个。厂里两年发一套工作服，可他一年得磨破四五套。

1997 年，他首次代表长客公司参加长春市焊工大赛，虽然是最年轻的选手，三种焊法、三个焊件，三个第一轻松收入囊中。多年的勤学苦练，李万君把焊枪使得出神入化。两根直径仅有 3.2 毫米的不锈钢焊条，可以被分毫不差地对焊在一起，不留一丝痕迹。20 米外，只要听到焊接声，李万君就能判断出电流电压的大小、焊缝的宽窄、焊接的质量。

2007 年，作为全国铁路第六次大提速的主力车型，时速 250 千米动车组在长客公司试制生产。列车转向架横梁与侧梁间的接触环口，是承载整车约 50 吨重量的关键受力点，按常规焊法焊接段数多，接头易出缺陷，质量无法保证，成为阻碍生产的拦路虎。“能否一枪把这个环口焊下来呢？”李万君提出这个想法，来自阿尔斯通的法国专家认为不可能。经过 1 个月的反复钻研摸索，李万君总结出“构架环口焊接七步操作法”，一枪焊完整个环口。这连最先进的焊接机械手也无法完成的操作，让倨傲的法国专家对中国工人竖起了大拇指。

2008 年，李万君挑起了培训新员工的重担。他培训的 400 多名新员工，全部提前半年考取了国际焊工证，成为高速动车组制造的主力军。“技能，传承下去才有价值”。温度高达几千摄氏度的电焊弧光四面散射，为了看清徒弟孙维鹏的操作手法，李万君一个晚上都没有戴护具。“后来我看到师傅的眼睛开始红肿、淌眼泪，就为了教我焊试验片，我是又感动又自责。”在 26 岁的年轻技工孙维鹏心中，师傅李万君是他最敬佩的人。

2010 年，李万君首席操作师工作站成立，随后工作站被国家命名为“李万君国家技能大师工作室”。工作室既是传承技术的培训站，也是解决企业生产难题的攻关站。不仅培训企业内部和吉林省内其他企业的焊工，李万君还赴新疆阿勒泰地区对 400 多名技术工人进行培训，把自己的技能变成社会财富。他利用业余时间举办高级电焊工培训班，一招一式地传，手把手地教，经常跪在地上指导操作。他还会根据大家的不同特点量身定做训练方案。2013 年，长春市焊工比赛的前三名都出自李万君门下。

2011 年以来，李万君带头完成国家发明专利 21 项，革新 70 多项，重大技术创新 10 多项，取得五小成果 150 多项，获奖 104 项。而在短短 6 年时间里，中国高铁也完成了时速 250 千米、350 千米、380 千米的“三级跳”。大国工匠正助力“中国梦”提速。

中车长客“复兴号”动车组（霍磊 摄）

（3）攻坚克难的创新精神①

凭借高超的技能水平和创新能力，罗昭强将有着“工人院士”之称的“中华技能大奖”收入囊中。“新时代的技术工人，不仅要埋头苦干，还要懂技术、会创新”，在全国劳动模范罗昭强心中，一直将这条黄金法则奉为圭臬。

20 世纪 90 年代初，“工业计算机”一词一出现，便迅速进入罗昭强的视野。

① 参见钱敏《走近劳模：“工人院士”罗昭强》。《人民周刊》2020 年第 23 期。

高度的职业敏感性和前瞻性告诉他，这种设备不容小觑，在未来的自动化生产中，必将大有可为。得知一汽专用机床厂引进了 PLC 可编程控制器，罗昭强想尽一切办法拜师学艺。罗昭强白天工作，晚上上夜大，4 年里系统学习了电子、计算机、液压等知识，又自学掌握了西门子、施耐德等不同控制系统的编程、调试等技术。

2005 年，在原中国北车第二届职业技能大赛中，罗昭强被授予“全国技术能手”，从此声名大噪。然而，维修电工并不能直接参与高铁制造。“如果在长客干了一辈子，却没亲手制造高铁，将会是我一生最大的遗憾！”

2015 年，再三思考之后，罗昭强决定转岗至高铁生产调试一线。不负众望，罗昭强率领团队先后完成“复兴号”中国标准动车组、京张智能高铁等国家和企业重点项目的试制和调试攻关工作，取得数十项调试方法的创新，保证了动车组“零故障”出厂。但是，对于科技创新要打破国外的技术封锁并非易事。罗昭强埋头苦干，最终成功研制出具备自主知识产权的动车组关键调试装备，将制造成本降低 90%。目前，已有 540 件成果在动车组调试工序中得到广泛应用，打破了生产瓶颈。尽管荣誉满身，罗昭强却并不满足，不断挑战自己的“舒适区”。

2015 年，罗昭强拜中国中车首席科学家常振臣博士为师，成为常博士唯一的工人弟子。在常博士的悉心指导下，罗昭强研发出应用列车实时以太网技术的“列车网络培训系统”，这项成果对于中国高铁走向海外，延长产品价值链，具有十分重要的意义。

不仅仅是技术层面需要创新，高铁人才的培养也面临着瓶颈。在业内，从事高铁生产核心工作的调试工人有着“熊猫”工种之称。随着中国高铁事业高速发展，调试工人不足的问题逐渐浮出水面。为破解这一迫在眉睫的难题，罗昭强被委以重任，负责研制动车组调试技能实训装置。这种装置在国内外从未有过，面对数以千计的图纸，罗昭强反复研究，并自学 ACE 制图。终于，半年多后，“高速动车组调试操作技能实训装置”被成功研制出来，开创了利用培训装置开展调试员工培训的先河。凭借该实训装置，罗昭强一举获得 4 项国家发明专利、7 项国家实用新型技术专利。目前，该实训装置已在北京铁路局、济南铁路局、南京工业职业技术学校等单位广泛应用，累计培训 15000 余人次。

在创新的道路上，罗昭强就像一台不知疲倦的马达，似乎一刻也不愿停歇。在城铁车和出口车项目上，他又动起了心思。他研制的海外高端市场地铁列车模拟调试装置深受海外业主的青睐，终结了该领域中国工人发明创造从未挤进海外高端市场的历史。据了解，中车长客每年都要拿出工资总额的 2.5% 以上用于职工培训，并相继建成了国内最先进的焊接、车辆电工和装调工培训基地。

中车长客建成了目前国内规模最大、精度最高、技术最先进的碳钢车、不锈钢车、铝合金车生产线，在自主创新的历史上取得了诸多成就：中车长客研发的首辆磁悬浮客车，使中国成为世界上少数几个掌握这项技术的国家；中车长客研发的首列 B 型全铝合金城轨客车，填补了国内铝合金城轨车辆研制的空白；中车长客研发的首列不锈钢城轨客车，标志着我国城轨客车实现了地铁由碳钢车体向不锈钢车体的成功跨越；中车长客研发的首列跨座式单轨车，标志着我国成为世界上少数几个拥有此种大型车辆制造技术的国家；中车长客研发的首列 A 型铝合金地铁客车，填补了国产化高端城轨车研制的空白；中车长客研发的北京国际机场线直线电机车辆，首次实现了国内城轨车辆全自动无人驾驶运营。“从零开始”到“问鼎全球”，从“引进来”到“走出去”，一列列“第一”的历史成就名录，记述着中车长客几代人的心血。

2. 传统产业“大中生强”——中国一汽“世界一流”

1949 年底，毛泽东同志在访问苏联期间参观了斯大林汽车制造厂。“我们也要有这样的大工厂。”在连一颗螺丝钉都需要进口的中国，这样的话语字句铿锵，掷地有声。此后的 70 年里，中国一汽人梦想在前、步履稳健，不断成就着属于中国汽车工业的荣光。一汽开创了新中国汽车工业从无到有的新纪元，这里凝结了几代中国汽车人的艰辛奋斗，荒原建厂、奠基立业、自主创新。它经历了怎样的发展历程才有了“国之大器”的今天呢？

（1）科技自立，突破核心技术①

2008 年，30 岁的王智被选中参与试制 V 型 12 缸发动机。这是我国第一款自主研发的顶级乘用车发动机，将用于国庆 60 周年的红旗检阅车。试制过程中，王智先后解决缸盖燃烧室误差、超细斜长孔加工、缸体主轴孔精度控制、凸轮轴孔同轴度误差控制等多项技术难题，提炼出 12 种操作法，出色完成了任务。

2009 年国庆节，红旗检阅车现身天安门广场，观看直播的王智和工友们红了眼眶。他们加工的发动机，填补了国内 V 型发动机制造空白，让红旗检阅车有了“中国心”。“要把核心技术牢牢掌握在自己手中。”从此，王智跟一个又一个“难题”较上了劲。

在发动机曲轴试制加工中，他不断摸索、调试，定义了 300 余个技术参数，设计夹具 42 种，掌握了曲轴加工工艺的关键技术和方法；他设计的导向墙夹具及分次导向加工方法，成功解决国内首款纵置双离合变速器壳体间断长轴孔的加工难题；他带领团队完成国内首台 V 型 8 缸直喷增压发动机的试制任务，披星戴月将首台成品发动机试制周期压缩到了 30 天；他完成了北京冬奥会雪车项目冰刀的试制加工任务，助力实现国产雪车“零”的突破。迄今为止，王智先后攻克重点攻关项目 90 余项，解决技术难题 260 余项，为自主汽车跳动“中国心”，为民族汽车品牌崛起提供了有力保障。

（2）深化改革，构建创新平台②

深化改革，释放科技创新活力。杨永修是一汽研发总院的一名高级技师。

---

① 参见华泰来《为了自主品牌汽车跳动“中国心”》，《吉林日报》2022 年 4 月 29 日。

② 参见张建《高举“红旗”乘风破浪——中国一汽改革创新走在前列的三大启示》，《经济参考报》2022 年 11 月 28 日。

近年来，一汽加速改革给了他更多施展才华的空间，他主要承担红旗自主研发的高端发动机、变速箱及底盘等核心精密零部件的数控加工工作，累计攻克 130 多项技术难题，为集团公司节约创造价值 1200 多万元。35 岁的他，已获得全国技术能手、全国五一劳动奖章等荣誉。“一汽像我这样的年轻人还有很多，大家梦想有多大、技术有多强、能力有多大，舞台就有多大。”他说。改革激发了竞争意识，竞争上岗成为普遍共识。

先定目标再上岗，鼓励挑战高目标。胡汉杰任一汽股份有限公司总经理助理兼一汽解放公司董事长已有 5 个年头。这 5 年里，一汽“解放”系列 2021 年销量达 44 万辆，创造了“解放”中重卡销量全球“五连冠”的业绩。胡汉杰因优异的业绩被直接聘任，像他这样未经竞聘就聘任的领导干部还有十几位。

改革改变了老国企因循守旧的思维和观念，构建了以客户为中心的管理架构，建立了不养懒人、闲人、庸人的市场化激励机制，有效激发了干部员工冲锋担当、迎难而上、开拓创新的精气神，点燃了全体一汽人的希望与梦想。

（3）科技创新，树立民族品牌[①]

红旗品牌自 1958 年创立以来，就成为中国民族汽车高端品牌代表之一，但其市场化道路并不是一帆风顺，曾长期面临社会诟病，这是摆在一汽人面前的一道难题。

2017 年以来，一汽以市场为导向重组机构，形成更加专业、精细、扁平的构架和运行模式，集团总部直接负责红旗品牌运行。同时，推出新红旗品牌战略，打造 L、S、H、Q 四大产品系列，并在全国建设了一大批红旗体验中心，拓展红旗品牌影响力。

---

① 参见张建《高举“红旗”乘风破浪——中国一汽改革创新走在前列的三大启示》,《经济参考报》2022 年 11 月 28 日。

一汽自主品牌研发投入强度从2017年的1.1%提升到2021年的6.4%，红旗品牌研发投入强度达15%左右，处于行业前列。5年来，累计突破328项关键核心技术，其中多项成果打破国外技术垄断；累计申请专利12949件，其中发明专利6302件，2020年专利公开量行业第一，2021年专利授权量行业第一。

目前，一汽形成了“九院、九部、一全重、一国创”的一体化、高效化、数智化的大研发格局。截至2022年，中国一汽发挥创新协同作用，与头部单位合作建立38个协同创新实验室和5个基础研究实验室，助推企业产业链、供应链的安全可控和整体突破，以先进技术资源的融合汇聚推动汽车技术蓬勃发展。围绕树立民族汽车品牌，一汽成立技术（科技）创新委员会，强化集团总部对技术创新的统筹管控，实施重大专项技术攻关计划，着力突破关键核心技术。

（4）政企合作，激发创新发展新动能[①]

从第一台车诞生起，中国一汽的发展就与长春市乃至吉林省的发展密切相关。为了支持一汽发展，地方政府近年来不仅加大了一汽所在地的基础设施改造，营造良好的生产生活环境，还积极推动一汽改革发展，推动新产品加快落地。

吉林省委、省政府明确支持中国一汽建设世界一流创新企业、构建全链条产业生态、创新营销提高市场份额、深化企业改革、扩大开放合作，支持长春国际汽车城创建国家车联网先导区、加快基础设施建设、完善公共服务体系、扩大管理权限。目前，吉林省已经启动支持一汽重点聚焦关键核心技术，加强与高校院所、重点企业合作攻关，着力激活创新链、重塑产业链、培育品牌链，积极抢占产业发展制高点。

---

① 参见张建《高举“红旗”乘风破浪——中国一汽改革创新走在前列的三大启示》,《经济参考报》2022年11月28日。

以新能源汽车推广为例，吉林省、长春市和一汽集团、国网吉林公司共同启动“旗E春城绿色吉林”项目。中国一汽及红旗品牌不仅为项目提供出行产品支持，还将在出行运营、服务配套、协同推动“政企联动专班”等方面与长春市政府及各相关企业展开广泛合作。2022年6月28日，奥迪一汽新能源汽车项目在长春汽车经济技术开发区正式开工，计划投资额超300亿元。1988年以来一汽—大众工厂负责奥迪在中国的车型生产，大量优质供应商已在长春落地，成熟的产业链将为奥迪一汽新能源汽车有限公司的扎根提供有力支撑。

一汽关键核心技术自主创新重大科技专项首批实施项目集聚全国44家创新主体825名科研人员联合攻关。除了一汽的创新发展，吉林省新启动了黑土地、梅花鹿、碳纤维、肉牛4个重大科技专项，继续实施核心光电子、新能源高效利用、重大疾病防治3个重大科技专项，实现了科技创新的多点开花。

3. 新兴产业“无中生有”——长光卫星“中国第一”

科技创新给吉林插上了腾飞的翅膀，诞生了“吉林一号”卫星星座。2015年10月，“吉林一号”星座首组四颗卫星在中国酒泉卫星发射中心成功发射，创造了国内多项第一，其中“吉林一号”光学A星是我国第一颗商用高分辨率遥感卫星，拉开了我国商业航天大幕。

（1）小卫星开创的“大时代”

长光卫星技术股份有限公司成立于2014年12月，是我国第一家商业遥感卫星公司。公司由吉林省政府、中科院长春光机所、社会资本以及技术骨干出资成立，总注册资金19.7亿元。虽然历史不足十年，但它却用实际行动开创了“卫星”新时代。

长光卫星的传奇历史要从创始人宣明近十年的潜心科研攻坚说起。1978年高考恢复后，宣明进入长春光机学院精密仪器系学习，一路读完硕士，并在长春光机所内留任。长春光机所始建于1952年，被誉为“中国光学的摇篮”，在全国赫赫有名。它几乎承担了中国国防、航空用得到的几乎所有高科技的光学设备研发，还曾先后参加“两弹一星”“载人航天工程”等多项国家重大工程项目，研制航天光学载荷是其特长，光机所旗下还有A股上市公司奥普光电。

身处其中，宣明主要从事精密机械、微机械学科的研究，是我国微机械学科的青年带头人，中国第一件微机械光刻图形实物就是出自他手。2003年，宣明担任长春光机所所长，一干就是12年，其间还担任我国载人航天工程神舟五号和神舟六号的有效载荷分系统行政总指挥。2006年，时任长春光机所所长的宣明认为航天事业一定会从计划经济走向市场经济，而以载荷为核心的整星设计技术就是走向市场的“敲门砖”。于是，宣明带领一伙人闷头开始研发卫星。此后，团队摸着石头过河，攻克了卫星星载一体化、热控一体化、快速集成测试等一个个技术难关。基于科技成果转化，2012年12月，长春光机所正式启动“吉林一号”卫星研制工作。

相比国外商业航天领域，中国商业航天起步较晚，其中民用遥感卫星主要指不以营利为目的的，主要服务于国家政府部门、公众业务等的遥感卫星，以国家投资为主。过去我国每年要花费大量外汇进口国外卫星视频和照片等产品，用于国民经济建设。

直到2014年11月，国务院发文明确提出“鼓励民间资本参与国家民用空间基础设施建设。鼓励民间资本研制、发射和运营商业遥感卫星。引导民间资本参与卫星导航地面应用系统建设”，由此，拉开了我国商业航天大幕。宣明抓住机遇，整个团队都放弃了研究所的编制，2014年底带领团队创办了中国第一个商业卫星公司——长光卫星技术有限公司，并且获得了吉林省政府、长春光机所的投资，这也是中国第一家全产业链商业遥感卫星公司。宣明出任董事长兼总经理，也被称为“商业航天第一人”。

2015年10月，由公司自主研发的“吉林一号”组星成功发射，开创了我国商业卫星应用的先河，同时也创造了由一个研发团队一箭成功发射四星的历史。“吉林一号”卫星是我国第一颗自主研发的商用高分辨率遥感卫星、我国第一颗以一个省的名义冠名发射的自主研发卫星、我国第一颗自主研发的“星载一体化”商用卫星、我国第一颗自主研发的米级高清动态视频卫星，也是我国第一次以灵巧方式在轨成功成像、国产 CMOS 第一次在轨技术验证。

至 2023 年 6 月，“吉林一号”先后发射 25 次，实现了 108 颗卫星在轨运行，变成了目前全球最大的亚米级商业遥感卫星星座，逐步成为全球重要的航天遥感信息来源。以现有在轨卫星测算，“吉林一号”卫星星座可对全球任意地点实现每天 35 ～ 37 次重访，可为农业、林业、气象、海洋、资源、环保、城市建

“吉林一号”一箭 41 星发射（中共长春市委办公厅供图）

设以及科学试验等领域提供更加丰富的遥感数据和产品服务。2023 年 6 月，“吉林一号”卫星星座组网工程实现了“百星飞天”的阶段性目标。长光卫星的目标是安装一个全球无死角、全天时、全天候的太空监测网，持续投入“吉林一号”卫星星座的建设，2025 年底前实现 300 颗卫星在轨。

目前，“吉林一号”卫星在轨运行数量增至 108 颗，从 1 到 108，长光卫星的发展秘诀是什么？公司总经理贾宏光总结有 3 点：政策扶持、创新技术和人才引进。2015 年 12 月，省政府印发《吉林省卫星及航天信息产业发展规划（2015—2025 年）》，加快推进卫星及航天信息产业发展；2016—2021 年，在省委、省政府的关注和推荐下，各项资金支持不断，2021 年 5 月，长光卫星获评 2020 年中国独角兽企业，长春新区管委会奖励其 1000 万元。

企业发展离不开技术创新，尤其像长光卫星这样的科创企业。现在，长光卫星通过攻克星载一体化等一个个技术难关，让“吉林一号”卫星具备了体重大幅降低、成本大幅下降、功能大幅上升的特点。“吉林一号”高分 03 星“体重”已降至 40 千克，重量只有第一代卫星的 1/10；火箭运载成本随之减少，过去能发射一颗星的价格，如今可以发射 10 颗星；曾需要两个人耗时两个月完成的卫星系统测试环节，如今 6 颗星并行测试，一人一个月即可完成。

与此同时，长光卫星坚持“待遇留人”“事业留人”“感情留人”的人才引进策略吸引优秀的科研人才，截至目前，长光卫星在职员工已经突破 1000 人，具备硕士以上学历的超过 87%。

（2）构建卫星星座，目标星辰大海

不断总结、大胆创新，卫星研制技术进步飞速，实现了三次技术飞跃，在提升成像质量、提高数据获取能力的同时，卫星重量和成本降低一个数量级。自成立以来，平均每年在创新上的投入达到 1.3 亿元，整星性价比也因此获得了长足的、快速的进步。原来的卫星 400 多千克，每一次扫过的幅宽只有 11 千米多一点。现在一颗卫星从 400 多千克变成了 22 千克，分辨率是一样的，幅宽还更宽了，造价也是成数量级往下降。原来一颗卫星要八千万到一个亿，现在只需要几百万元。发射成本是按照重量算钱的，减重一千克，就少花 10 多万元，这也是卫星竞争力提升很主要的一个表现。

依托“吉林一号”遥感数据，逐步构建起了由 6 类基础数据产品、9 类专题产品及 20 类平台产品组成的产品体系。凭借图像质量高、响应速度快、覆盖面积广的特点，“吉林一号”卫星遥感信息可以为农林、水利、环保、交通、自然资源、城市建设等 14 个领域开展 150 余项类别的精准服务，创造了良好的社会经济效益。现阶段主要产品是环保、林业和农业等方面。环保方面，依托卫星遥感技术建成了一套环保遥感监测服务产品体系，结合人工智能算法快速分析处理，已在吉林省、山东省、山西省等多个地区为省市县各级环保部门提供稳定服务。林业方面，林业遥感监测服务产品致力于运用卫星遥感、大数据、人工智能技术以及天空地一体化手段，通过为应急管理部门、林草部门等提供遥感大数据服务，实现林业资源精确监管、森林火灾精准防控、病虫害精细治理，已在北京市、吉林省、山东省、山西省、浙江省等多个地区提供稳定服务。农业方面，致力于运用卫星遥感、大数据、人工智能技术助力精准农业发展，研发了耕地资源与农业设施分布、农作物种植结构、农作物长势监测、农业灾害监测和农作物产量预测等遥感产品，为农业农村部门、大型农业企业、农业合作社等提供遥感大数据服务。

长光卫星的“从无到有”仅仅是吉林省科技创新的一个亮点，还有很多关键核心技术的突破和应用在持续推进。吉林大学研制的“地壳一号”万米钻机使我国成为第三个拥有该项技术的国家；神舟十二号的机载光电搜索设备、神舟十四号的“机械臂”均由长春光机所参与研制；智能制造、核心光电子器件和高端芯片、新能源高效利用、生物医药、现代农业等领域也在不断突破创新。

“吉林一号”鸟瞰白城大安,“大国粮仓”，丰收在“吉”(长光卫星供图)

金秋九月，"吉林一号"俯瞰吉林舒兰，锦绣吉林，"丰"光无限（长光卫星供图）

（三）结语

2021 年 12 月，吉林省在东北率先获批建设创新型省份。从顶层设计到措施落实，从突破“卡脖子”关键核心技术到推动双链融合，从引才育才到打造创新生态，吉林一直疾驰在创新的大道上，努力打造科技创新驱动经济高质量发展新样板，以科技创新为纽带，打造更多“国之重器”“中国名片”，推动老工业基地“蝶变”升级。

一是厚植要素禀赋优势，为科技创新提供支撑。新中国成立初期，王大珩、唐敖庆、蔡镏生、余瑞璜等老一辈科学家来到吉林，吉林的科教事业直接站到了巨人的肩膀上。新中国第一炉光学玻璃、第一辆汽车、第一列铁路客车、第一台电磁式电子显微镜、第一架单反相机、第一台红宝石激光器、第一块合成橡胶、第一袋化肥……老一代科学家不仅产出了丰硕的科研成果，也为国家培养了大批人才，更把他们在长期科学实践中锤炼的爱国、创新、求实、奉献、协同、育人的科学家精神，深深扎根在吉林这块热土上，深远地影响着一代又一代吉林科技工作者。目前，吉林省拥有吉林大学、东北师范大学、中科院长春“一院三所”为代表的诸多高校院所；每 10 万人口中博士生就超过 100 人，居全国前列；11 个国家重点实验室、148 个省级重点实验室取得一批原创性成果，吉林省科技创新“冲锋号”号声嘹亮，动能强劲。

二是集中资源力量，突破关键核心技术。近年来，吉林省深入实施创新驱动发展战略，多措并举，强力推动创新多点开花，启动首批科技攻关“揭榜挂帅”“军令状”机制，积极推动“院士专家工作中心”“科创专员”“科学家工作室”向科研生产一线延伸，在工厂车间、田间地头解决实际问题，取得了一个又一个新突破。全省加速构建协同创新体系，骨干企业、高校、科研院所及社会组织紧密协同，促进企业主导的产学研深度融合，推动成立了由中车长客、长光卫星、吉林化纤等龙头企业牵头，以高校、科研院所等优势科研资源为依托，以产业链、供应链重点企业为支撑的创新联合体。2023 年，吉林省强化统筹谋划，系统推进第二批 8 个国家重点实验室参加重组建设，力争半导体激光和智能汽车 2 个国家技术创新中心获批建设，持续打造高水平创新载体和平台。

三是推动科技成果转化，为产业发展集聚动能。近年来，随着吉林省扶持力度加大，科研环境优化、人才持续集聚，一个个高端科研成果不断亮相，一家家高新企业开始崭露头角。吉林省加快形成产学研创新合力，建立协同创新合作体系，庞大的产业集群不断集聚。吉林大学综合极端条件实验装置、长春光机所大口径空间光学载荷综合环境试验中心、长春国家半导体激光技术创新中心等具有吉林特色的国家“大科学工程”项目不断推进；一汽、吉化、长客等龙头企业开展产业集成创新试点，推进产业链创新链深度融合。发挥各自的区域优势、资源优势、人才优势，加快构建多点支撑、多业并举、多元发展的产业发展新格局。

四是体制机制不断改革，让科技创新动力澎湃。为了更有力地推动科技创新发展，省委、省政府出台了一系列科技体制改革政策，为科技创新注入动能。2021 年，吉林省首次重大科技专项——一汽自主创新（关键核心技术研发）面向全国“揭榜挂帅”。省委、省政府投入 4.1 亿元，参照“揭榜挂帅”机制广发“英雄帖”，为一汽解决困境。吉林省科技体制改革除了“重炮”，还有“机枪”。党的十八大以来，吉林省建立了一系列科研保障机制。“免申即享”政策、赋予科研人员职务科技成果所有权或长期使用权试点、吉林省科学技术奖首次采用提名制等多项改革激发了吉林省科研人员的创新热情，为创新驱动发展增添活力，为企业发展减负、为科研人员松绑。

二、打好国企改革牌，走好吉林振兴路

（一）引言

当今世界，大多数国家或多或少都有一些国有企业。我国的国有企业数量庞大，无论是中央企业还是地方国有企业，在国民经济和地方经济中都占有绝对优势，不仅是经济增长的主导力量，而且是壮大国家综合实力、推进中国式现代化、保障人民共同利益的重要力量。国有企业对于东北老工业基地来说，更是重要而特殊，在新中国成立初期，国有企业一度是东北经济发展的支柱，被尊称为“共和国长子”的一汽、吉化、大庆油田、鞍山钢铁厂等为东北地区乃至全国经济社会发展作出了巨大贡献。但随着改革开放，我国经济结构开始逐步转型，国有企业因为体制机制落后、历史负担沉重、改革动力不足等特定属性，在一段时间内阻碍了东北经济前进的步伐。党中央、国务院对此看在眼里、痛在心里，下定决心振兴东北老工业基地，其中最关键的一环自然是国企改革，可以说，改革的成败直接影响着东北老工业基地振兴的成效与远景。

因此，吉林省委、省政府高度重视、全力推动国企改革，多年来持续为国有企业卸包袱、减担子，瞄准构建现代企业制度抓改革，支持国有企业实现市场化经营、公司化管理，着力破解国企改革的难题。目前，国企改革三年行动已经圆满收官，吉林省交上了一份亮丽的成绩单，取得了一系列重要阶段性成果和决定性进展。2023 年 9 月，习近平总书记在新时代推动东北全面振兴座谈会上强调，继续深化国有企业改革，实施国有企业振兴专项行动，提高国有企业核心竞争力，推动国有资本向重要行业和关键领域集中，强化战略支撑作用。在这个承前启后的关键节点，新一轮国企改革深化提升行动正蓄势待发，吉林省立足实际，围绕“一主六双”高质量发展战略谋划国资国企发展，深入实施“人才兴企、金融助企、项目强企”战略，不断提高国有企业核心竞争力，进一步推动国有企业强基固本、稳中向好，不断做大做优做强，走出一条具有吉林特色的国企改革发展之路。

（二）老国企焕发新活力

1. 求变生存：国营老厂拥抱市场

在 1978 年之前，国有企业存在很大弊端。当时的国有企业与计划经济紧密相连，而市场机制基本不存在，国有企业不具有自主经营的权力，企业进行生产不是根据市场需求，而是根据政府的计划指标，这使得生产和社会需求严重脱节，企业积极性受挫，制约了社会生产力的提高。不仅是市场机制缺乏，那时的弊端还体现在激励机制贫乏方面，职工由国有企业按照政府的劳动指标招收并且终身就业，而且能按照政府规定的标准获得由企业分配的住房和由企业负责养老，职工之间的工资差距小，没有实行计件工资，也没有物质奖励、奖金制度，“企业吃国家的大锅饭，职工吃企业的大锅饭”成为普遍现象。为了解决这样的问题，自 1978 年改革开放以来，吉林省国企改革进入到了起步阶段，开始按照国家要求，对国有企业放权让利，探索所有权和经营权两权分离下的企业经营机制转变，使企业真正成为相对独立的经济实体，成为面向市场、自主经营、自负盈亏的社会主义商品生产者和经营者。这一阶段的国企改革使国有企业初步完成了从面向计划到面向市场的转变，为下一阶段建立现代企业制度奠定了很好的基础。

让我们把目光聚集到这一阶段的典型代表——东光集团长春一东离合器股份有限公司（以下简称“长春一东”）。长春一东，成立于 1992 年 9 月，位于长春高新技术产业开发区，是中国汽车离合器行业的首家上市公司。

时间回到 20 世纪 80 年代，作为大型军工企业的国营二二八厂，由于军品任务逐年削减而陷入极大的困境当中。面对这样艰难的情况，厂领导班子及时认识到，企业想要生存，就必须打破原有的计划经济思维模式，用市场经济思维改变企业。当时，恰逢一汽换型改造，有一批零部件急于“找锅下米”向外寻求生产商，而二二八厂有生产设备，愁的是“无米下锅”。双方经过多次接触，在 1985 年 5 月，一汽发动机厂的离合器生产线全部搬迁到二二八厂，转厂生产配套产品。仅仅用了一个月的时间，生产线就顺利投产，能够为一汽正常供货。但是，这个难关渡过了，以后的路要怎么走？两厂的决策者在调查研究的基础上，决定放弃三十年一贯制的老路，抓紧赶上国际先进水平，实现跨越式发展。一汽和二二八厂共同投资 3000 多万元，从英国 AP 公司引进具有国际先进水平的膜片弹簧离合器产品和生产技术，从德国、英国、日本等国家引进关键的加工及检测设备，对现有的产品进行脱胎换骨的改造，按照高起点、大批量、专业化的原则，建设一个全新的离合器专业厂。1992 年 9 月，一汽与二二八厂正式签署了《合资经营一汽东光膜片弹簧离合器厂合同书》，一汽东光离合器厂（长春一东的前身）正式挂牌。在英国 AP 公司专家组的指导下，新的生产线具备了批量生产合格的 DS330 膜片弹簧离合器的能力。从 1993 年 3 月 1 日零时起，一汽东光离合器厂一步跨越 30 年，结束了中国人不能生产汽车膜片弹簧离合器的历史。1993 年生产 DS330 离合器 10 万套，产值 5435 万元，销售收入 4708 万元，实现利润 808 万元；创造了当年建成、当年投产、当年达纲、当年盈利的好成绩，被长春高新区评为优秀高新技术企业。

我们再把目光聚集到吉林敖东药业集团股份有限公司（以下简称“吉林敖东”）。吉林敖东的前身是 1957 年成立的国营延边敦化鹿场，于 1981 年建立敖东制药厂，1993 年 3 月经省体改委批准改制为吉林敖东药业集团股份有限公司，1996 年 10 月 28 日在深交所挂牌上市。

吉林敖东灯检包装室（石雷 摄）

20 世纪 80 年代，国际市场鹿茸价格暴跌，外贸部门对鹿茸不再包销，加上经济体制改革后，实行“拨改贷”，将基本建设投资拨款改为了贷款，这使得单一靠养鹿卖茸为生的鹿场微利难保，给职工发工资都十分困难。改革在敦化鹿场这一潭死水中激起了波澜。1980 年，时任党委书记郭孝有在外地考察之后，在会上提出办药厂，走多种经营之路的想法。鹿浑身是宝，都有药用价值，药厂就在鹿身上做文章。在全厂的共同努力之下，1981 年 5 月，敖东制药厂的牌子挂了出去。药厂投产后，开始只生产工艺简单的鹿胎膏、参茸酒、鹿切片，更像个制药作坊，而不是制药厂。时任厂长贾克庭苦思冥想，决定根据市场需求，研制叫得响的新产品。药厂拿出了安神补脑液方剂，当年就投入生产，至今畅销不衰。这一年，药厂又研制成了人参鹿尾精，蜚声广东，过去随便丢弃的鹿尾巴一下子身价百倍。1984 年 9 月，敖东制药厂和长春中医学院联合研制出“颐和春”，先后被评为省优部优产品，并打入了国际市场。市场变幻莫测，但又总是给那些善于顺应和利用它变化的人提供机遇。敖东制药厂根据市场调查预测，1987 年口服液畅销，市场上将供不应求，便把口服液灌装手工操作改成机械化生产，日产由原来的 4500 盒猛增到 12000 盒，年产 279 万盒，当年产值增加 62%，利润增长 153%，达 211 万元，敦化鹿场靠办药厂下活了整盘棋。随着我国工业、商业、服务业的逐步兴旺，从 1983 年开始，敖东制药厂便相继办起了为药厂配套的纸箱厂、塑料制品厂、安瓿厂、彩印厂、胶囊厂、打包带厂等，并获得了可喜的利润。

2. 创新创业：迈向建立现代企业制度

经历了 20 世纪 80 年代的“投石问路、试探前行”，进入 90 年代，国企改革开始向“建立现代企业制度”迈进。1993 年 11 月，党的十四届三中全会通过《中共中央关于建立社会主义市场经济体制若干问题的决定》，为此前的国企改革进行了概括：“十几年来，采取扩大国有企业经营自主权、改革经营方式等措施，增强了企业活力，为企业进入市场奠定了初步基础”，并要求“继续深化企业改革，必须解决深层次矛盾，着力进行企业制度的创新”。国有经济量大面广，国有企业虽然已经开始面向市场经营，但是经营质量良莠不齐，难以适应市场竞争的优胜劣汰，国家财政负担过重。面对这样的问题，我国明确提出“建立现代企业制度，是发展社会化大生产和市场经济的必然要求，是我国国有企业改革的方向”。这一阶段，吉林省委、省政府积极响应号召，加快国有企业改革和发展的步伐，为了给国企改革提供强有力的政策支撑和措施保障，迅速出台了《深化国有工业企业改革指导意见》等一系列配套政策，制定了企业整体改制、职工劳动关系转换、债权债务处置、国有资本退出等“四个到位”和基本建立现代企业制度的改革目标和任务。同时，省几大班子领导挂帅出征，哪里有难题就奔赴哪里；省国企改革领导小组和督查推进组会同由 1420 名中青年干部组成的 141 个工作组深入基层，宣传群众，和企业协力攻关；以改善投资环境为目的的打造“平安吉林”“和谐吉林”“阳光政务”“服务型政府”等活动在全省扎实推进。正是这一系列旋风般的行动，为全省国企改革奠定了基础，铺平了道路。

放眼中国石油和化工行业，繁星璀璨，但中国石油吉林石化公司（以下简称“吉化”）无疑是其中耀眼的一颗。吉化坐落在美丽的松花江畔，前身是吉林化学工业公司，是国家“一五”期间兴建的以“三大化”为标志的第一个大型化学工业基地，被誉为“新中国化工长子”。70 余年来，吉化艰苦创业、深化改革、转型升级、创新发展，顺应国家变革发展的时代大潮，通过持续的体制机制改革，充分释放出了大型国有企业内部的活力与潜力。如今，吉化已经成为具有千万吨炼油能力、百万吨乙烯规模的大型炼化一体化企业，创造出了享誉全国的“吉化经验”，为我国化学工业和国民经济的发展作出了突出贡献。

20 世纪 90 年代，吉化积极融入国家改革发展的大潮，体制机制改革取得了重大突破。1992 年，组建吉林化工集团，建立健全现代企业制度，进行公司制改造，创新了产权制度。1995 年，吉化实现了与国际接轨，“吉林化工”H 股在香港联合交易所和纽约证券交易所上市，成为中国第二家在香港和纽约两地同时上市的企业。与此同时，吉化紧紧抓住了国家鼓励乙烯工业发展的重大机遇，成功建设 30 万吨乙烯工程及其配套装置，使乙烯生产能力达到每年 45 万吨，原油加工能力达到每年 500 万吨，吉化全面进入以石油化工生产路线为主的新时期。

1998 年，按照国务院对石油石化行业重组的规定，吉化整体上划入中石油集团。此时的吉化同很多东北大型国有企业一样，在计划经济向市场经济转轨的过程中，面临着装置结构不合理、产业结构调整缓慢、设备和技术严重老化、历史包袱沉重等问题，企业自有资金不足、连年亏损。面对这样严峻的形势，吉林省委、省政府和中石油集团大力支持吉化进行改革，中心任务是扭亏脱困，以转变观念和作风建设为突破口，进行企业管理体制和机制创新；以市场为导向，推进产业结构和产品结构优化升级。吉化先做减法，淘汰关停了100多套耗能多、污染重、安全环保隐患大的落后装置，使主体装置减少63%，“三大化”彻底退出历史舞台；精简公司产品种类，从1150种砍到115种，使得吉化的销售收入较10年前增长了4倍。同时，吉化也坚持不懈地做加法，对市场前景好、效益高的乙烯、ABS等30套重点装置实施了技术升级改造，建成全国最大的合成橡胶生产基地、中国石油最大的丙烯腈与ABS生产基地，增强了差别化竞争优势，为打造千亿元现代化产业基地创造了前提条件。2003年，吉化结束了连续多年亏损的局面，企业经济规模和竞争实力进一步增强。

吉林石化70万吨乙烯装置（石雷 摄）

2008 年国际金融危机爆发后，市场环境复杂多变，在原油价格高位、基础化工原料价格持续低迷等多重因素的叠加影响下，吉林石化持续亏损。东北国有企业的发展牵动着经济振兴的全局，面对改革的紧迫性和艰巨性，吉化充分发挥了炼化一体化优势，立足自身，扬长避短。针对原油加工利润低的现实，吉化调整产业结构，增产 98 号汽油、航空煤油、低凝点柴油等高附加值产品；提升产品质量，5 年内完成 3 次汽柴油质量升级；压缩成品油产量，增加乙烯产量，促进生产效益由炼油向化工延伸。针对国内化工产品同质化现象严重的现实，吉化改造“燃料型”的炼油业务，把创效重心转移到化工业务上，支撑化工业务向差异化高端化发展，增强产品的竞争力。针对炼油化工业务结构不合理的问题，吉化从全局出发考虑，深挖整体装置创效潜能，将有限的资源向创效大的装置倾斜；盘活已停产的老装置，撬动下游多套开不满的创效装置，实现了资源的优化配置。吉化还认识到了精细管理的重要性，从绩效管理入手，制定精细管理办法，构建“四会”闭环工作机制，即“计划平衡会”定目标、“生产经营运行会”落责任、“经济活动分析会”找差距、“业绩考核会”硬兑现，每天关注市场变化情况，适时调整优化。精细管理提高了管理效率，为企业节约了不少“真金白银”。

吉化作为一家具有浓厚红色基因、悠久发展历史的老国有企业，在国企改革中勇担先锋，围绕思想观念创新、体制机制创新、企业管理创新和技术创新，在多条主线上大刀阔斧推进改革，大力开展结构调整、技术改造、集约管理攻坚战，实现了国有企业涅槃重生的蜕变。

3. 突出重围：深化改革带来跃迁发展

2014 年以来，我国经济发展进入新常态。国有企业经过几十年的改革，总体上已经与市场经济相融合，运行质量和效益明显提升，在国际和国内市场竞争中都涌现出了一批具有核心竞争力的企业。在这一阶段，吉林省委、省政府快速推进混合所有制改革，吉林省多数国有企业建立起董事会制度，国资委向建立董事会制度的企业逐渐放权，中央企业全部开展了集团层面章程修订工作。尤其值得关注的是，国有企业公司制改革已基本完成，为吉林省做大做强做优国有企业奠定了良好的基础。

走在长春市的东风大街上，可以看到刻着“第一汽车制造厂奠基纪念”的汉白玉基石，还可以看到一片中式雕檐、西式阳台的红色建筑群，这里就是新中国汽车工业的起点。第一汽车制造厂是中国第一汽车集团有限公司的前身，自成立以来就为国家经济社会建设立下了不朽的功勋。在改革开放的进程中，一汽紧跟时代步伐，将改革、创新融入企业血脉，打破了计划经济体制的樊篱，把一个机制陈旧的老牌国有企业发展成具有现代竞争机制和国际影响力的汽车龙头企业。如今的一汽，是国有特大型汽车企业集团、中国汽车行业中最具实

一汽解放装配车间（石雷 摄）

力的汽车公司之一，业务领域包括汽车的研发、生产、销售、物流、服务、汽车零部件、金融服务、汽车保险、移动出行等。一汽集团直接运营红旗品牌，拥有自主品牌一汽解放、一汽奔腾等，拥有合资品牌一汽大众（奥迪）、一汽丰田等；还建立东北、华北、华东、华南、西南五大生产基地，每年产销汽车超过 300 万辆，累计产销汽车超过 5400 万辆，销量规模位列中国汽车行业第一阵营。

时间回到 2010 年，在这一年年底，一汽全面实现主辅分离，包括 45 家企业的主业重组、辅业改制和 135 家厂办大集体企业改革，在全国率先完成了大企业的改制工作，增强了企业的综合竞争力。2011 年 6 月，中国第一汽车股份有限公司成立。2013 年 4 月，中国第一汽车股份有限公司第二届董事会正式成立，独立董事正式参与企业经营决策，一汽实现了向股份制体制的重大转变。2017 年，一汽进行了公司制改制，正式更名为中国第一汽车集团有限公司，开启了公司治理现代化发展的新阶段。2018 年，发布了《一汽 2025 战略愿景规划》，简称“831”战略，即经过八年奋斗，到 2025 年，经济规模、价值创造、人均收入等三个方面翻一番，实现再创一个一汽的目标。2019 年制定了“更高、更好、更快”的改革发展目标，称为“3341”行动计划，即用三年时间在三大主营业务领域（分别是自主整车业务、合资整车业务、新型服务业务）实施三大行动（分别是“龙腾”行动、“虎跃”行动、“飞马”行动），在四个关键方面（分别是规模、效益与效率、员工发展、能力提升），实现“中国一流，世界一流”。通过“831”战略和“3341”行动计划的实施，一汽全力推进各项业务高质量发展和创新转型发展。

这一阶段，一汽对企业管理体制和组织架构进行了全面重塑，立足实际情况，以推动高质量发展为主题，进行“四能”改革。“四能”改革是一汽历史上范围最大、深度最大的体制机制改革。在晋升发展上，打破论资排辈，打通技术类、管理类、项目类、技能类人才的晋升发展通道。在分配机制上，打破“大锅饭”，做到权责对等，建立“赛马机制”，加强绩效考核，通过半年奖励机制、工资总额切块等方式，更能激发员工的活力和动力。在选人、用人上，既有人才选拔引进机制，也有人员退出机制；打破干部“铁交椅”，让“德才兼备者上、有业绩有能力者上”，全体高级经理实施任期管理。在机构改革上，更加市场化。在一汽的部分子品牌资产中存在着差异化小、产品线重叠的现象，经过改革，重构企业组织和运营机制，形成了“运营加管控”的集团管理新体制，由总部直接运营红旗品牌，各事业板块“责权利对等、产供销一条龙”。

红旗品牌的老家在长春市，但即便是长春市民，从前也都觉得红旗是“官车”，在消费市场对于红旗品牌的关注度并不高。如今，在长春的大街小巷，随处可见新红旗车的身影，有私家车、公务车，还有出租车、网约车、共享汽车，车型非常丰富。而在几年之前，红旗品牌汽车的销量比较低，2017 年还不足 5000 辆。面对这样的现状，一汽从改善车型、调整产品结构开始，生产贴近老百姓需求的车。2017 年 9 月，新红旗 H7 上市；2018 年 4 月，新红旗 H5 上市。2019 年，红旗首款纯电动 SUV 上市——红旗品牌在成立 61 年后，产品结构首次实现了从轿车到 SUV 的品类跨越以及从传统燃油车到新能源领域驱动模式的跨越。2020 年，习近平总书记关心“核心技术自主”的殷切嘱托，引航一汽跃迁发展。核心技术自主，是民族品牌的底气。一汽在全球范围内招聘优秀创新人才，建立推行“揭榜挂帅”“任务承包”“奖惩对价”等机制，持续激发创新动力活力。大力实施重大专项技术攻关计划，在新能源领域，全面实施纯电动、混合动力、燃料电池等三条新能源技术路线，已投放多种新能源产品。在智能网联领域，着力掌控关键核心技术，加紧建设新能源智能网联创新试验基地、“旗智春城”智能网联示范区等重点项目。在设计、研发的基础上，红旗销售公司也积极进行业务变革升级，对外构建经销商全新指标体系、完善各项考核标准；对内调整组织分工和梯队，明确晋升通道。经过努力，2021 年红旗品牌市场份额同比提升 25%，品牌价值达 925 亿元，位列中国乘用车品牌第一。2022 年，红旗品牌汽车年销量 30 万辆，实现了 63 倍的增长，创造了中国汽车产业乃至全球汽车产业高端品牌发展的奇迹，红旗品牌实现跃迁式发展。

通过“四能”改革，一汽实现了总部直接运营红旗的创造性变革，重塑了企业的管理体制、组织架构等，建立了领导干部躬身必行、日精日进的工作循环机制，激发了企业员工的动力，释放了自主创新的活力，红旗和自主品牌也在加快发展，一汽迈出了以改革激发活力、振兴民族品牌的坚定步伐。在 2021 年度中央企业改革三年行动重点任务考核中，一汽获评 A 级。2022 年 6 月末，一汽的国企改革三年行动台账主体任务全面提前完成。

在一汽的变革与发展中，我们不难看出，全面深化改革是做强做优做大国有企业的必然之路。面向未来，在中国汽车产业由大到强的大背景下，一汽将向着打造世界一流汽车企业的目标奋勇前进。以“红旗”发展为标杆，以民族品牌建设为统领，以全面创新驱动为主线，打好“全面质量提升、供应链安全保供、大营销创新提能、数智化转型升级”四大攻坚战，持续焕发国有企业的生机活力，持续创造新时代国有企业高质量发展的新奇迹。

（三）结语

党的二十大报告指出：“从现在起，中国共产党的中心任务就是团结带领全国各族人民全面建成社会主义现代化强国、实现第二个百年奋斗目标，以中国式现代化全面推进中华民族伟大复兴。”现代化国家离不开现代化企业，要实现中国式现代化必须有现代化企业，而现代化的国有企业是推进中国式现代化的重要主体和重要力量。因此，要持续深化国资国企改革。在这方面，吉林省的成绩有目共睹，一汽、吉化等大型国有企业焕发生机与活力，长春一东、吉林敖东、省水务投资集团、吉高集团、泉阳泉饮品、富奥公司等国企也交上了一份漂亮的成绩单，可以说，吉林省走出了一条具有特色的国企改革发展之路。新时代的今天，改制后的老国有企业焕发出勃勃生机，成为振兴吉林老工业基地、振兴东北老工业基地最强劲的有生力量。

在国有企业改革过程中，吉林省积累了丰富的经验。一是建立现代企业制度。习近平总书记在全国国有企业党的建设工作会议上明确指出，坚持党对国有企业的领导是重大政治原则，必须一以贯之；建立现代企业制度是国有企业改革的方向，也必须一以贯之。吉林省坚决贯彻落实两个“一以贯之”，率先确立了现代企业制度的目标，并且加快完善现代企业制度。

二是完善市场化经营机制。国有企业要成为有核心竞争力的市场主体，必须发挥经济功能，创造市场价值，而建立和完善市场化经营机制，是激发企业改革发展内在动力的关键举措。吉林省的国企改革遵循市场经济规律和企业发展规律，坚持政企分开、政资分开、所有权与经营权分离；促使自身真正成为依法自主经营、自负盈亏、自担风险、自我约束、自我发展的独立市场主体。

三是更加聚焦主责主业。抓住重点，做强做优主业是国企改革的关键一招。吉林省的国有企业在改革中，纷纷聚焦主业、剥离辅业，给旧业务做减法、给主业做加法，实现了“瘦身精强”。在新发展阶段，国企改革需找准新定位，瞄准新方向，围绕国家发展重大战略和地方经济社会发展规划重点发力，更加聚焦主责主业，才能支撑企业长远发展。

四是因企制宜，一厂一策。作为传统的东北老工业基地，吉林省的国有企业体量大并且实际情况各不相同，对于具有资源优势和发展潜力的企业，吉林省采取主动引进战略投资者进行增资扩股的改制模式。2005 年实行集中改制的 816 户重点企业中，有 40%的企业采取的是这种改制形式。对于基础较好，因受困于债务负担和缺乏发展资金而陷入困局的国有企业，吉林省采取了资产重组与债务重组结合的改制形式。经过量身定制的企业改革，很多国有企业利润翻番，创造了历史最好水平。

改革永远在路上，在党的二十大精神的指引下，吉林省国有企业改革走上了更加聚焦发展的创新之路，将在更大范围、更深层次深化国资国企改革，完善中国特色现代企业制度，加快国有经济布局优化和结构调整，提升企业核心竞争力，推动国有资本和国有企业做强做优做大，为新时代吉林全面振兴发展再创佳绩、再立新功，老工业基地吉林正在以崭新的姿态站在新的起跑线上！

第三章

吉山吉水 打造美丽中国吉林样板

美好生态既能为民造福，用生态之“美”富足人民群众的精神文明生活；美好生态也能为民所用，用生态之“富”满足人民群众的物质文明生活。生态之“美”重在保护、重在改善、重在将人与自然和谐共生的理念落到实处。生态之“富”重在开发，重在利用，重在为民造福、为民谋利、为民兴业的实践当中。习近平总书记在视察吉林期间对生态文明建设的谆谆教导与殷殷嘱托，是全省上下勠力同心，将保护生态与发展生态相结合，在“美丽中国”中打造“吉林样板”。今天的吉林，望得见山，看得见水，蓝天白云，已成为吉林的常态，河水更加清澈怡人，湖泊更加生机盎然，青山更加翠绿碧美。人民群众享有资源、利用资源，“陆上三峡”“山水三峡”将更多风能、光能等转化为能源，助力“双碳”目标……吉林追青逐绿，向美而行，为全面振兴提供了更有力的支撑。

一、加强生态建设，擦亮“金字招牌”

（一）引言

党的十八大以来，习近平总书记三次视察吉林省，始终牵挂着吉林省的生态建设与生态安全。2018 年 9 月，习近平总书记视察查干湖，留下了“要守好查干湖这块‘金字招牌’”的殷切嘱托。2023 年 9 月，习近平总书记在新时代推动东北全面振兴座谈会上再次强调，要牢牢把握东北在维护国家生态安全中的重要使命。

近年来，吉林省各市州以习近平生态文明思想为指引，强力处理“生态旧账”，蓄力建设生态强省，聚力推动生态经济高质量发展。《2022 年吉林省生态环境状况公报》晒出了吉林生态建设的“绿色成绩单”。空气质量继续保持在全国第一方阵，地级及以上城市空气质量优良天数居全国第 9 位；地表水优良水体比例达到 81.8%；土壤环境质量保持稳定，全省连续 12 年未发生较大及以上突发环境事件。如今，吉林东部长白山林深树密，苍翠欲滴，林下种植养殖已经成为生态富民的“金钥匙”；中部松辽平原广袤无垠，绿野千里，大规模机械化作业应时而至；西部草原湿地河湖相济，水清岸绿，风力发电、光伏发电举目皆是。广袤的吉林大地，天蓝、地绿、水清，走出了一条人与自然和谐共生的现代化新路子。

抚松新城三江汇冬季景色（抚松县供图）

（二）以“绿美吉林”推动生态强省“八重变”

1. 护“绿”为本：污染防治打造生态环境“绿色窗口”

一泓清水，用之不觉，失之难存。吉林省委、省政府加快推进碧水保卫战，要求各地以治水倒逼转型发展。吉林的生态之变始于治水，治水是转型升级最直接的标志、最关键的突破口。吉林省各地因水而美、因水而兴，水治理成为城市发展的绿色窗口。

（1）“臭水沟”变“生态轴”

伊通河是北国春城的地理符号、大国工业的历史见证、地域文化的生动载体。曾经的伊通河污染问题严重，恶劣水质下大肆生长的藻类和杂草几乎覆盖了整个水面，河水臭气熏天，沿岸居民不敢开窗，难以安居。伊通河污水治理，不仅是城市未来发展的需要，更是人民群众所盼所期。

2016年，长春市站在城市未来发展的高度，启动了伊通河综合治理工程。近年来，长春市累计完成入河排口治理124个，清理河道垃圾16万立方米，完成清淤疏浚347万立方米，新建污水干管120千米。而且在伊通河的改造过程中，长春市因地制宜，秉承“治理一条河流，改变一座城市”的理念，以“水”为线，全力把伊通河建设成为绿色宜居生态轴、城市安全生命线、美丽长春景观带、产业升级动力源。经过综合治理，伊通河的污染源得到有效遏制、流域水质明显改善，河流中段修建了“三区、五岛、十园”[①]的景观带，沿河22座驿站、33千米绿道全线贯通。如今的伊通河，沉疴尽去、活力四射，生态长廊美如画，是市民消夏避暑、摄影休闲的首选场地，是绿色发展的城市之窗。粼粼波光之上，城市倒影其中，人群河边漫步，尽显舒适惬意。[②]

伊通河综合治理所改变的不仅仅是河流本身水量少、水污染的问题，更是城市发展格局和发展动力的提档升级。伊通河是长春人民的母亲河，她流淌着城市记忆、回应着民生关切。伊通河治理完成，生态环境美了、民心民意顺了、振兴发展的脚步更快了。当然，也不只是长春伊通河，河流治理可以说是吉林省各市州转型升级的突破口，露水河、东辽河、仙人河……类似伊通河的治理故事在吉林省各地上演，生态环境俨然变成了最普惠的民生福祉，为吉林省全面振兴全方位振兴注入强劲动力。

---

① “三区”：“往事如影”、“月光如弦”、“乐活如歌”。“五岛”：樱花岛、回忆岛、月亮岛、欢乐岛、爱琴岛。“十园”：工业轨迹公园、渔航文化公园、治河纪念公园、影像民俗公园、月荷文化公园、松涛诗话公园、欢乐节庆公园、休闲体育公园、农耕生态公园、湿地拓展公园。

② 《长春市集中消除流域内黑臭水体，改善提升水景观，恢复周边生态　伊通河变身绿色宜居的“生态轴”》，长春市生态环境局网站，http://hjl.changchun.gov.cn/wrfz/swrfz/202211/t20221116_3085801.html。

（2）“盐碱泡”变“活水湖”

20世纪70年代，查干湖因为上游霍林河断流而日趋干涸，盐碱泛起，鱼苇绝迹。湖水窄成一条线，大风一刮全是碱面子。渔场职工被迫弃业求生，外出打工。彼时的查干湖就是一个“盐碱泡”，是什么让查干湖碧波万顷、重现生机？

引松蓄水，大湖重生。1976年9月，前郭尔罗斯蒙古族自治县委、县政府提出“全县人民总动员，四级干部上一线，坚决打胜引松工程大会战”的口号。八万人浩浩汤汤，男女老少齐上阵，他们吃着苞米面大饼子，住着地窨子和窝棚，硬是用勤劳的双手和坚强的脊梁，剖开了川头山，挑走了黏泥土，战流沙、拼泉眼，纵使机械设备短缺，生活物资不足，他们也毅然决然，无怨无悔。他们以“蚂蚁啃骨头”的精神，历时8年，挖通了长达53.85千米、底宽50米、上口宽80米的“引松渠”，再现了查干湖碧波荡漾、水天一色的壮美景象。1984年8月，引松工程全线贯通疏浚。“引松工程”共挖土方量1300多万立方米，兴建引水闸、泄洪闸、公路桥等交叉建筑物14座，建成抽、排水站18座，这一“草原运河”把松花江水源源不断引入了查干湖，让大湖重获新生。

河湖连通，水至绿来。为补齐生态短板，释放生态红利，吉林省2013年启动了一个充满想象力的工程——河湖连通工程。河湖相济，解水之难，让吉林省西部的水生态有了质的变化，让人水和谐的美好景象变为现实。这项工程实现了查干湖的“二次注水”，江水奔涌至新庙泡，经川头尾闸汇入圣湖，由梁店尾闸流至库里泡，随后排入嫩江。河湖连通工程流经查干湖的72个大小湖泡，为查干湖注入了新的水源，替换掉了原有的劣质水体，让“死水泡”变成了“活水湖”，实现了查干湖的水体置换（每3年可置换一次），让水体纳污能力显著提升，让湖泡湿地的调蓄能力显著增强，让区域生态环境显著改善。如今的查干湖，蓄水量能达到7亿立方米，大湖之变，是吉林省河湖连通工程的缩影。河湖连通，“连”出的是草茂粮丰、水清鱼肥的盛景，“通”向的是人水和谐、乐业安居的盛世。

查干湖第 22 届冰雪渔猎文化旅游节现场（刘剑锋 摄）

金字招牌，熠熠生辉。2018 年 9 月，习近平总书记赴松原视察查干湖生态发展情况，指出查干湖保护生态和发展生态旅游相得益彰，要坚持走下去。在这里，他留下了“要守好查干湖这块‘金字招牌’”的殷切嘱托，也留下了“年年有鱼，年年有余”的美好祝愿。多年来，松原坚定不移地走生态优先、绿色发展之路，大湖之变，就是“两山”理念的生动注脚。为保护景区环境，提升发展质量，松原举全市之力，推动查干湖的保护与发展。一是在查干湖保护区内做“减法”，腾挪畜牧养殖场、关停周边村屯饭店、开展景区生态移民，将人类生产生活对生态环境的影响大幅降低。二是在景区外做“加法”，大力推动查干湖生态小镇建设，加强旅游基础设施配套能力，促进餐饮、民宿、康养等企业在小镇集成发展。三是做好生态旅游的“乘法”，创新开发夜钓、跳伞等旅游项目，开展开湖节、荷花节、观鸟节、渔猎节等特色活动，提升生态旅游质量，带动百姓增收致富。2024 年 2 月，查干湖景区成功晋升国家 5A 级旅游景区。四是做好防治污染的“除法”，及时整改环保问题，持续开展环境整治，强化污染巡查和监管。如今的松原走出了一条“三生融合”（生态、生产、生活融合）的发展新路子，让金字招牌越擦越亮，人民生活越过越好。

查干湖是吉林省域内最大的淡水湖泊，是镶嵌在吉林省西部的一颗璀璨的明珠。夏有风荷摇曳，冬有冰湖腾鱼，风光秀美，游人如织。不只是查干湖，还有白城鹤鸣湖、镇赉南湖、洮南北湖……都如同查干湖一般，因水而美，因水而兴，“大湖治理”已经成为吉林省统筹经济高质量发展和环境高水平保护的创新实践。

2. 增“绿”为先：生态修复筑牢生态安全“绿色屏障”

生态修复，矿山复绿，碧草如茵。吉林省不断加大生态保护修复力度，守住自然生态安全边界，促进自然生态系统整体改善。以国土绿化试点示范、林草湿生态连通、绿美吉林等重大工程为牵引，加快推进生态强省建设，努力打造美丽中国吉林样板。

（1）矿山变青山

一城煤灰半城土，资源枯竭，生活不便。吉林是资源大省，矿产丰富，矿种齐全，矿业发达。丰富的矿藏，是大自然的赠礼，一度让吉林人通过开山采矿发家致富。尤其是吉林省中东部（白山、通化、延边、吉林）矿区星罗棋布。但矿藏是不可再生资源，新中国成立后 70 多年的开发利用，使矿山成为“城市禁区”。露采场、排土场、塌陷区，好像是青山上的脓疮与疤痕，让人喟然叹息。白山市江源区曾经是全国十大重点产煤县区之一，这里曾经因煤而兴，靠矿吃矿，盛极一时，为国家和地方经济的发展提供了大量的能源资源。这里也因煤而惑，生态破坏，发展艰难。由于过度开采使用，青山遍体鳞伤，道路坑洼不平，举目望去，青山碧水皆不见，只有黑乎乎的山体在眼前。江源区面临困境：资源枯竭，水源污染，老百姓吃不到干净的水；土地沉降，居住的房屋墙体上裂痕蔓延；空气黑灰弥漫，晴天吃灰，雨天沾泥。人们笑谈，一城煤灰半城土，麻雀飞过变乌鸦。天灰、地陷、水污、路断，给当地群众的生产生活带来了许多不便。

一城青山半城林，矿山复绿，换了人间。矿山生态修复是一个时代之问，是环境治理的重要课题。为了改变千疮百孔的矿山，改善老百姓的生活环境，白山市江源区以“两山”理念为指引，打响矿山修复攻坚战，推动秃矿荒山向绿水青山的转变。从苦矿久矣再到借矿生财，江源区的绿色转型之路值得借鉴。苦矿久矣，如何破局？江源区于 2018 年 10 月开始实施矿山修复工程。植树 85.47 万株，矿山重新披上绿装。复垦土地 173.56 公顷，土壤结构得到改善。[①]江源区在

中国北部（蛟河）石材循环经济产业园（蛟河市委办公室供图）

① 赫文、洪铭潞、郭小宇：《向绿而生——写在江源区生态环境导向开发项目被纳入国家试点项目之际》，《吉林农村报》2022 年 6 月 14 日。

修复中探索，在探索中修复，让昔日的秃矿荒山变成了绿沟青湾。苦矿久矣，如何转型？江源区积极探索资源枯竭型城市的转型升级之路，提出生态环境导向的开发（EOD）模式，加速生态治理与产业融合。将生态修复项目、产业配套项目和产业发展项目结合起来，以废弃矿山的生态修复为基底，规划文化旅游项目，配套相关基础设施，改造利用废弃矿山、厂房、民居建设独特的煤炭文化旅游景点，让游客了解煤炭文化、体验产煤过程、欣赏矿工故事，集科普、体验、娱乐为一体，让生态之“绿”转化成发展之“力”。

一处矿山看发展，吉林随处见青山。矿产是非常重要的不可再生资源，是经济社会可持续发展战略的资源保障。矿山修复背后有坚持“两山”理念的坚定信心，更有推进生态建设的决然之意。江源区蝶变的故事不止一例，也只是吉林省资源枯竭型城市绿色转型的小小缩影。四平梨树“废矿坑”变“小天池”，辽源废弃矿山变矿山生态公园（富国公园）……吉林省长期坚持矿山修复，不遗余力抚平矿山带来的生态疤痕，吉林人民坚信，只有恢复绿水青山，才能换来金山银山。

（2）荒原变草原

草原退化，何以为家？美丽的草原我的家，风吹绿草遍地花。在一望无垠的大草原上纵马驰骋是多少人的愿望。但是，当大家头脑中充斥着驰骋草原的图景时，可能还没有意识到，我们的草原急需保护。由于人口增加、超载放牧、气候变化等多种因素的影响，草原退化、沙化现象在吉林省很多地区都越发严重，长此以往，风吹草低见牛羊的画面或将不复存在，取而代之的将是干枯的草场和沙化的土地，这绝非危言耸听。

20 世纪 80 年代的长岭县腰井子羊草草原（科尔沁草原的一部分），由于过度农垦、过度放牧，草原面积锐减，碱化、沙化、退化严重。牧草由于土地碱化、板结变得低矮稀疏，放眼望去，草原上呈现“绿白花”的特点。就像奶牛身上有黑白相间的块状花纹，草场上绿色的是牧草，白色的是碱化的“斑秃”。

梨树县孟家岭“小天池”（吉林省自然资源厅供图）

大风一吹到处都是碱面子，村民夏天甚至无法开窗通风。由于草量锐减，质量下降，加之很多村民忍受不了这种环境，很多人放弃从事农牧业，一年中多数时间外出务工，有人甚至直接搬离村子。

绿进沙退，重绘新颜。1986 年，腰井子羊草草原获吉林省政府批准成立自然保护区，草原的保护和管理得到升级。2001 年，吉林省开展“百万亩荒漠变绿洲”行动，大力推广“生态草”用于草原修复，长岭县草原修复就是其中的典型案例。通过种植生态草，退化的草原焕发生机，荒漠化得到有效遏制。生态环境呈现溢出效应，仅单位产草量的提升这一项，就能够为县域经济发展增加 6000 万元的收入。

草色连天，绿美吉林。从 2000 年开始，土地的荒漠化治理就是吉林推进生态省建设的重中之重。草原退化的现象，不只是长岭，在前郭、通榆、洮南等多地的草原曾经也都存在这样的问题。经过 20 余年的荒漠化整治，如今吉林省草色连天，一碧万顷，让人神清气爽，心旷神怡。

3. 革“绿”为上：创新发展蓄积生态农业“绿色财富”

以农为本，藏粮于地，绿满青山。吉林是农业大省，黑土肥沃、林海茫茫，自然资源优势得天独厚。但是多年来的生态破坏和环境污染使得优势变短板，随着生态建设逐步深入，越来越多的人意识到：只有绿色发展，才是永续发展，才有长青基业。

（1）重用轻养变保护性耕作

黑土层宝贵而脆弱，推广保护性耕作迫在眉睫。吉林中部，地处松辽平原腹地，是全国主要粮食产区，肥沃的黑土是这里鲜明的生态特色，“捏把黑土冒油花，插双筷子也发芽”，用这句土话形容东北地区黑土地的肥沃再恰当不过。但是，长期以来的过度垦殖、耕种和施肥，黑土层开始越来越薄、越来越硬。黑土地是大自然的馈赠，自然情况下，每 1 厘米厚度的增长都需要 200 ~ 400 年的时间。她是这般宝贵却又这么脆弱，正在加速流失。在梨树，黑土层的平均厚度已经从开垦前的 50 ~ 60 厘米下降至 30 厘米左右，土壤有机质的含量下降了 50%，耕地退化问题较为严峻。若想解决这一问题，休耕是最好的办法，但是要保证粮食安全，所以农业生产一刻也不能停。如何在正常生产的情况下，还能保护黑土的质量，保护性耕作就成了吉林省域农业种植的一个新思路和新模式。

秸秆还田、免耕播种，梨树模式值得学习借鉴。什么是梨树模式？这一模式的核心要义可以简单概括成“秸秆还田、免耕播种”这八个字。免耕播种，精简了传统耕种模式的犁地环节，也不深耕、深松，最大限度避免对土地的扰动，最大限度保护土层土质，而且也在客观上节约了作业成本，提高了作业效率。秸秆还田，就如同给黑土层加盖了一层松软的“被子”，增加土壤蓄水能力，减少水分蒸发，保墒抗旱效果显著。而且，秸秆拥有着“化作春泥更护花”的品质。腐烂的秸秆让黑土中的有机质含量更多，又松又软，可以让玉米等作物深扎根、抗倒伏。梨树模式推广之初，农民不愿接受，因为很多农民“伺候”地十分精心、细致，对秸秆还田的“埋汰地”非常抵触。但是，春回大地以后，当农民看到精湿松软的土壤，看到用免耕机播种出来的玉米苗整整齐齐，看到大风刮不倒苗儿，心里十分欢喜。

梨树县百万亩绿色食品玉米标准化基地核心区（吉林梨树黑土地学院供图）

守好生态家底，扛稳政治责任。黑土地是一面镜子，映照的是农民与土地的关系、人与自然的关系、生态保护与经济发展的关系。你如何经营土地，土地就会如何回馈你。正如习近平总书记所说，“保护生态环境就是保护生产力，改善生态环境就是发展生产力”[①]，黑土地保护与农业发展就是生动且真实的事例。黑土地广袤而肥沃，是大国粮仓的根基，更是吉林省农业发展最为丰厚的家底。2021 年以来，吉林省粮食产量节节攀升，连续三年突破 800 亿斤。粮食是生活必需品，但又很特殊。特殊性在于社会效益很高，经济效益很低，以至于国家需要投入大量种粮补贴，才能维持发展。对很多地区来说，抓粮食生产是必须落实的政治任务，但是对吉林这个农业大省来说，这更是一种使命自觉。吉林省是农业大省，是大国粮仓，稳粮保供，是吉林立命之本，须臾不可放松。梨树模式在吉林省各市州推广开来，对于农业可持续发展具有非凡意义。

（2）砍树换钱变栽树利长远

白山市抚松县地处长白山腹地，是 20 世纪七八十年代国家商品林采伐最为兴盛的地区之一。伐木号子震天响，油锯轰鸣不停歇，10 多年的时间里，木材一车一车从抚松运送到全国各地，总量接近 100 万立方米。绿水青山日渐凋敝，野生动植物急剧减少，百姓生活越发艰难。

2014 年，吉林省所有的重点国有林全面停伐，林区发展面临着从“大开发”向“大保护”转型。抚松露水河林场“砍树人”变“栽树人”,“伐木工”变“护林员”，就是吉林省生态林业发展的鲜活事例。抚松一方面抓生态保护，实施护林、造林工程，复绿补种让青山焕新，推行林长制让管控升级，严密筑牢生态安全屏障。另一方面抓经济发展，发展林下参、矿泉水、文化旅游等特色产业，探索出一条生态产品价值实现的新路径。

生态之美催生发展之变。露水河林场从砍树到栽树的转变就是吉林省林业

---

① 《习近平著作选读》第一卷，人民出版社 2023 年版，第 113 页。

303 国道五女峰段（中共集安市委办公室供图）

发展的生动实践，抚松生态优势向经济优势转化的实践经验，向我们证明了只有守住生态底线，绿色发展才有的谈。只有绿色发展，才是永续发展。近年来，吉林省各市州不断推进绿美吉林建设，不断推动乡村产业绿色转型，以种植、养殖为基础发展循环经济，以农产品深加工为支撑创造就业岗位，以农事体验、文化旅游为动能创造多元收入，形成一二三产业融合发展的新模式。吉林省以生态之美催生发展之变，用发展之变带动农民增收，绿色发展的脚步越走越坚实。

4. 用“绿”为要：绿色转型激活生态发展“绿色引擎”

绿色工业，绿色能源，绿色发展。吉林省聚焦“双碳”目标，全面实施“一主六双”高质量发展战略，启动“陆上风光三峡”工程，全方位推动工业经济绿色低碳转型，多点支撑、多业并举、多元发展的生态经济体系正在全面构建，激活了生态经济发展的澎湃动能。

（1）资源型城市变新型能源城市

习近平总书记在新时代推动东北全面振兴座谈会上指出，“创新央地合作模式，促进央地融合发展，更好带动地方经济发展”。中车新能源装备制造产业项目是吉林省“陆上风光三峡”建设的标志性工程，央地合作的创新实践。该项目不仅助力松原融入吉林省“长松白”氢能走廊，带来了巨大的经济和社会效益，而且扛起了建设“国家级清洁能源生产基地”的重任，对维护国家能源安全意义重大。

中车新能源装备制造产业项目（以下简称“中车项目”）是国内产业链最全、规模最大的风电装备产业项目，也是松原建市以来最大的单体产业项目，投资超百亿元、占地超千亩。项目建成后，年可生产风电整机400台套，涵盖风电塔筒、叶片、电机、储能系统、智能设备等风电装备制造全产业链，年可实现产值约120亿元，税收15亿元，直接拉动就业1500人。中车项目得到了省委、省政府主要领导的高度关注和连连赞许，是吉林省“陆上风光三峡”建设的标志性项目，也是松原由资源型城市向新型能源城市转变的标志。

松原市委、市政府将中车项目作为“一号工程”来抓，尽心尽力做企业坚强后盾，让企业舒心、暖心、安心、放心发展。松原市组建了近70人的项目审批服务专班，深入基地现场办公，仅用了15天，迅速办结了立项、环评、安评、用地、施工等15项手续。中车项目从项目签约，到开工建设，再到产品下线，仅仅用了“两个100天”，充分展现了松原力量，诠释了中车速度，彰显了吉林精神。

中车项目是贯彻习近平新时代中国特色社会主义思想，特别是中国式现代化、高质量发展一个典型的成功案例。该项目的全面建设和全速推进，不仅创造了巨大的经济效益，创造了更多就业机会，更重要的是形成了示范带动作用，为松原市乃至吉林省的新能源产业发展提供了一条行之有效的、可复制借鉴的现实路径。

（2）传统工业园区变绿色产业园区

建设“绿电”示范区是“陆上风光三峡”的金钥匙。2021 年初，省委、省政府抢抓“双碳”战略机遇，依托吉林西部富集的风光资源，创新提出并实施“陆上风光三峡”工程，建设白城、松原两个“绿电”示范区，开创了绿色发展、高质量发展的全新格局。“绿电”示范区是集聚“绿电”产业的工业园区，是吉

中车松原新能源装备产业园（才原 摄）

林省“陆上风光三峡”战略的重要载体。“绿电”示范区的本质是用“绿电”低电价撬动产业转移，将能源优势转化为经济优势。通过“绿电”低电价极大降低企业生产成本，形成企业生产要素“价格洼地”，通过“绿电”低电价的杠杆作用，促使企业在“绿电”示范区产生集聚，达到撬动发达地区高载能、高耗能企业和化工企业向“绿电”示范区转移的战略预期。

发挥“绿电”低价优势，撬动绿色产业转移。白城市风光资源丰富，是全国首批千万千瓦风电基地之一。风电可供开发的容量达 3000 万千瓦，光伏可供开发容量达 2000 万千瓦，新能源产业发展潜力巨大。尤其在光伏方面，白城市经过长达 20 年的艰难探索，已经成为东北地区光伏发电的领跑者。2021 年 3 月，白城市获批建设“绿电”示范区，开启了绿色发展、高质量发展的新格局。白城市以洮北区经开区为核心，规划 50 平方千米工业用地，集中打造绿色化工、绿色冶金、绿色氢能七大产业园区。整合洮北区百公里半径范围之内的风电资源，为园区提供基础“绿电”支撑。并且，建立配售电公司，压缩园区内企业用电成本，打造 0.38 元 / 度的“绿电”电价洼地，撬动高载能、高耗能、高技术产业项目向园区转移。

深挖产业“含绿量”，提升发展“含金量”。不只是白城，在松原，“绿电”示范区建设也是如火如荼，松原正在推动链式招商，招引相关企业在“绿电”示范区落位，集中力量打造北方“三谷”。北方“氢谷”：绿色化工产业区；北方“碳谷”：新型材料产业区；北方“云谷”：数字经济产业区。“绿电”示范区内，一处处热火朝天的施工现场，让我们听到了绿色产业强势崛起的声音，一个个方兴未艾的重点项目，让我们看到了吉林西部充满发展活力的白城和松原。以“绿电”低电价，撬动大企业转移，“绿电”示范区的建设，等同于种下了一棵梧桐树，会获得许多企业申请入驻的橄榄枝。吉林西部风光无限，“绿电”产业强劲赋能，“绿电”已经发展成为吉林西部生态经济高质量发展的新引擎，为资源型城市向新型能源城市转型提供了新动能。

（三）结语

生态，是吉林省最为珍贵的绿色资源，最为宝贵的绿色财富，也是吉林省最大的优势和潜力所在。习近平总书记对吉林省的生态经济发展高度关注、寄予厚望，嘱托我们“要守好查干湖这块‘金字招牌’”，要求我们要“争当现代农业排头兵”，期望我们“在走出一条质量更高、效益更好、结构更优、优势充分释放的发展新路上实现新突破”。多年来，吉林省始终以习近平总书记视察吉林重要讲话重要指示精神为指引，坚定不移地推进污染防治和生态修复，坚定不移地推动生态农业和绿色工业转型升级。

河湖治理，打造城市发展绿色之窗。吉林省将治水与治城一体化推进。伊通河穿城而过，宛若城市玉带，给城市以滋养。长春市巧抓伊通河治理机遇，规划“三区、五岛、十园”，给城市以美景、予人民以幸福。查干湖的水治理也是如此，“引松工程”“河湖连通”工程让大湖焕发生机。松原市围绕着查干湖的保护与发展，规划查干湖生态小镇，配套旅游基础设施，开发红色教学资源，打造文化旅游项目，如今的查干湖已经成为松原转型升级的城市名片，成为振兴发展的金字招牌。

还林还草，筑牢生态安全绿色屏障。我们要的从来都不是以牺牲环境为代价的发展，吉林曾走过无节制开发山石矿藏的弯路，经历过肆意毁草开荒放牧的曲折，所以更加明白绿水青山对生产生活的意义。近年来，吉林省实施“绿美吉林”行动，强力推进矿山修复，让矿山复绿，产业复兴，生活向好；强力推进草原治理，让千里平畴，绿意铺展，荒原变草原，百姓可安居。生态优先，是吉林的承诺，要为国家筑牢绿色安全屏障；绿色发展，是吉林的决心，要为国家复兴打造吉林样板，贡献吉林力量。

兴工兴农，推动农业工业绿色转型。无论是农业还是工业，绿色都是发展底色。在农业发展上，吉林以大农业观谋转型，用生态之美催生发展之变。近年来，吉林省以“两山”理念为指引，转变发展观念，从砍树人变栽树人，让老林区焕发新活力；藏粮于地、藏粮于技，稳稳扛起国家粮食稳产保供“压舱石”的重任，推动生态农业高质量发展。在工业发展上，吉林省聚焦“双碳”目标，启动“陆上风光三峡”工程。白城、松原两个“绿电”示范区发挥出“绿电”电价洼地效应，一大批绿色工业企业向园区集聚，发展成产业集群，创造出巨大的经济效益和社会效益。尤其是松原与中车合作，建设中车（松原）新能源装备制造产业园，百天签约施工、百天产品下线，刷新了百亿级项目建成投产的最短时间纪录，充分展现了松原力量，诠释了中车速度，彰显了吉林精神。

生态为笔，绘发展宏图。习近平总书记在新时代推动东北全面振兴座谈会上指出，推动东北全面振兴，根基在实体经济，关键在科技创新，方向是产业升级。吉林省将以更大决心、更强信心、更有力举措推动生态文明建设，以绿色农业奠基、以绿色工业赋能，不断巩固提升绿色发展优势，全力打造美丽中国吉林样板，让我们的绿色发展底色更足，让我们的金字招牌越擦越亮，让吉林人民生活得更有品质、更加幸福。

二、陆上风光三峡，点亮“能源之光”

（一）引言

全球已进入新一轮能源大变革时代，习近平主席在第七十五届联合国大会一般性辩论上明确提出了中国“双碳”目标。在这样的大背景下，大力发展可再生能源是我国实现“双碳”目标、践行应对气候变化自主贡献承诺的主导力量。2023 年 9 月，在新时代推动东北全面振兴座谈会上，习近平总书记提出了一系列新时代新征程推动东北全面振兴的重要路径，其中便包括积极培育新能源这一战略性新兴产业以及加快发展风电、光电、核电等清洁能源的重要任务。

东北地区在维护国家能源安全的战略地位十分重要。而吉林省作为国家九大清洁能源基地之一——松辽清洁能源基地的核心区域，在能源结构转型迫在眉睫的今天，其丰富的“风”“光”“水”等绿色资源正成为新的“破局者”。吉林省依托丰富的新能源与未利用土地多等优势，聚焦更好承担国家赋予建设松辽新能源基地的重大使命，迅速响应，积极部署，抢占绿色能源高地，创新发展风能、太阳能、水能等新能源，组织开展规模化新能源基地规划和建设，并整合东部抽水蓄能和西部新能源资源，建设“陆上风光三峡”和“山水蓄能三峡”等重大工程，致力于将吉林这方“新能源宝地”打造成国家级清洁能源生产基地，从而为国家松辽新能源基地建设提供核心支撑，为降低碳排放、实现碳达峰碳中和目标以及保障国家能源安全贡献力量。

（二）以绿色动能绘就美丽吉林新画卷

依托丰富的新能源优势，吉林省正稳步推进新能源开发利用，全力建设“陆上风光三峡”重大工程。“陆上风光三峡”主体区域包括白城、松原两市全部及四平双辽市，涵盖 3 个市、11 个县（市、区），面积约 5.1 万平方千米，充分发挥白城、松原等地风光资源丰富、未利用土地多等优势，利用鲁固直流和“吉电南送”特高压通道等电力外送条件，大力发展风电、光伏发电，并利用吉林省东部山区丰富的山水资源，打造千万千瓦级抽水蓄能基地，形成东部“山水蓄能三峡”与西部“陆上风光三峡”双向互济的局面。力争到“十四五”末，“陆上风光三峡”的风电、光伏发电装机规模达到 3000 万千瓦，其中风电装机 2200 万千瓦以上，光伏装机 800 万千瓦以上，同时“山水蓄能三峡”总装机将达到 2930 万千瓦，均超过长江三峡水电站装机规模。

1. 风能：紧抓“风口”乘风而上

吉林省地理条件优越，地处风力资源最丰富的“三北”地区，风能储量丰富，极端风速小，适合开发风电，且开发成本低，是国家规划建立的九大千万千瓦级风电基地之一。风电产业的发展需要大量的安装、维护、管理等人员，吉林省人力资源充沛，满足了风电产业的就业岗位需求。同时吉林省内拥有很多优秀的风机制造企业，为风电场的建设提供了大量的原材料、设备等，为风电开发奠定了基础。“一年一场风，从春刮到冬，一天二两土，白天不够晚上补！”这是流传在吉林省西部的一句民谣。近年来，依托西部得天独厚的风能资源，借助电力外送通道，吉林省大力发展风力发电产业，并聚拢风电装备制造业，延伸产业链条，使得清洁能源发电的价格优势得以彰显。

（1）风能资源丰富①

从吉林省总体风能资源来看，吉林省地处中高纬度地区，属于温带大陆性季风气候区，全年主要受西风带控制，风能资源较为丰富且品质较高，具有风切变大、风速稳定、极端最大风速小、空气密度大等特点。根据全国风能详查和评价结果显示，吉林省 100 米高度平均风速为 6.74 米 / 秒，较全国陆上平均水平高 25%；平均风功率密度为 341.42 瓦 / 米 ^{2}，较全国陆上平均水平高 79%，风能资源非常丰富。

从吉林省风速时空分布来看，其特征明显，中西部地区风速和风功率密度相对较大，东部地区风速和风功率密度明显低于西部地区。中西部地区地势平坦，风速大，70 米高度年平均风速在 5.5～7.5 米 / 秒，风功率密度在 200～400 瓦 / 米 ^{2}；而东部山区和半山区对西风环流的阻挡，风速较中西部地区小，除个别山顶和峡谷地区外，70 米高度年平均风速在 3.5～5.5 米 / 秒，风功率密度在 100～200 瓦 / 米 ^{2}。风速年内以春季风速最大，秋季次之，夏季最小；日内以白天风速相对较小，晚上风速较大，风功率密度分布规律与风速分布规律基本一致。

从吉林省风能资源开发潜力来看，全省风能资源潜在开发量约 2 亿千瓦，占全国风能资源可开发总量的 3%，排名全国第 12 位，同时全省可装机容量约为 6900 万千瓦，主要分布在西部松原、白城、四平双辽等地区，占全省可装机容量的 80% 以上。

（2）风力发电加快推进

从长春市乘坐高铁一路向西，快到白城市时，能够看到巨人一样的风车高

---

① 参见吉林省能源局《吉林省新能源和可再生能源发展“十四五”规划》，2022 年 11 月。

高矗立，在广袤的平原上迎风旋转。吉林省的第一座风机就是在这里建立起来的，1999 年 10 月，吉林省首个风电场在通榆县建成，成为当时东北地区规模较大的风力发电场，也拉开了吉林省发展清洁能源的序幕，昔日的盐碱地，如今一片生机。

尽管吉林省风能资源开发比较晚，但自“十一五”以来，在中央和各级地方政府的大力支持下，吉林省风电产业发展迅猛，风电装机容量年均增长速度一度达到 82.7%，不仅在白城，在松原、双辽等地，吉林省也开足马力，全力打造清洁能源生产基地。中国华能、大唐、华电等发电集团也纷纷进入吉林省发展风电项目，推动了吉林省风电产业的发展，吉林省风电发电量逐年递增，增幅较大，风电已成为吉林省的第二大电源。

吉林省风力发电产业快速发展，不仅可供省内消纳，也不断推进风电外送，积极打造新能源外送基地。2017 年一条从内蒙古扎鲁特旗到山东青州的鲁固直流特高压线路建成，成为吉林省实现风电外送的重要渠道，鲁固特高压直流通道使得吉林西部发出的电输送到山东潍坊，支持华东地区的用电需求。同时吉林省也积极推进以吉林省西部为起点的“吉电南送”特高压外送通道，将吉林省清洁电力送往华北、华东等电力负荷中心，深度参与全国能源资源优化配置。

（3）打造风电全产业链

吉林省在建设能源基地的同时，构建全产业链一体化新能源产业的步伐也悄然加快，清洁能源产业的发展，牵一发而动全身，贯通了上下游的诸多产业链条，也展现出新的赛道。风力发电的加快推进，促使相关产业不断发展，吉林省风电全产业链发展迅速，尤其以通榆县为典范。

通榆县位于吉林省西部边陲，地处大兴安岭和长白山脉之间的“风口”，由于春秋两季西北风肆虐，导致通榆县的土地严重盐碱化，曾是国家级深度贫困县。而近几年，在县委、县政府的带领下，通榆人抢抓风电产业发展机遇，积极打造高质量产业集群，从风电发电厂，到风电装备制造企业，再到消纳电力的其他企业，不断延长和完善产业链。如今，通榆县变“劣势”为“优势”，大到风机整机、小到螺丝锚栓，所有关于风机的部件，在通榆县内都能生产，通榆县现已成为中国风电装备制造业产业链最全的地方，成为全国唯一一个风电全产业链“一站式采购”的城市。

生态风力发电助力乡村振兴（李晓波 摄）

产业链的不断延长和完善促使各家企业资源互补、联动发展，在降低各项成本的同时，生产灵活性也不断提升，从而实现全链条降低风力发电的生产成本，并有效破解产品生产、加工、销售过程中的原材料供应不足、价格上涨等问题，推进吉林省风力发电产业的进一步发展。

2. 太阳能："化光为宝"照亮新时代振兴路

当前，我国处于新发展阶段，实现"双碳"目标迫在眉睫，乡村振兴、共同富裕等一系列重要战略处于快速推进阶段。吉林省尤其西部地区拥有丰富的太阳能资源，吉林省紧抓机遇，大力发展光伏发电产业，"化光为宝"，并取得显著成果，促进了吉林省能源转型，为国家"双碳"目标的实现贡献了积极力量，并通过光伏扶贫项目促进吉林省如期实现脱贫攻坚任务，走出一条新时代乡村振兴新路。

（1）太阳能资源丰富①

从吉林省总体太阳能资源来看，吉林省太阳能资源总体属于二类，吉林省多年平均日照时数为 2200 ~ 3000 小时，年水平面总辐照量超过 1400 千瓦·时/米^2，略低于全国陆上平均水平，但在东部省份排名靠前。从吉林省太阳能资源地域分布情况来看，吉林省西部松原、白城、四平双辽地区属太阳能资源很丰富级别，年日照小时数约 2800 ~ 3000 小时，年太阳总辐射量在 1400 千瓦·时/米^2 至 1500 千瓦·时/米^2，其余地区属于太阳能资源丰富级别，同时夏半年中西部地区日辐射量偏高，东部地区偏低，冬半年东部长白山区日辐射量偏高，中西部地区偏低。从吉林省太阳能资源开发潜力来看，全省光资源总储量约 1.86 万亿千瓦，技术可开发量 1361 亿千瓦，同时全省地面光伏电站潜在开发量约 9600 万千瓦，排名全国第 12 位。全省可装机容量约 4600 万千瓦，其中西部地区为地面集中式光伏项目重点开发区域。

（2）光伏发电快速推进

自 20 世纪初光伏技术问世以来，吉林省一直致力于推动和发展光伏发电产

① 参见吉林省能源局《吉林省新能源和可再生能源发展"十四五"规划》，2022 年 11 月。

业。吉林省光伏发电的历史可以追溯到20世纪80年代初期。当时，吉林省政府开始意识到光伏发电的潜力，并在全省范围内推动光伏技术的研究和应用，最初的光伏发电项目主要集中在农村地区，为了解决偏远地区的电力供应问题。随着对可再生能源的重视和推广，依托省内丰富的太阳能资源，吉林省把握重大历史机遇，科学谋划、大力发展，推进光伏产业实现大跨越发展。从2000年开始，吉林省政府出台了一系列支持光伏发电产业发展的政策措施，包括提供财政补贴、减免税收和建立光伏发电技术研发中心等，光伏发电产业快速发展。随着政策支持和技术进步，吉林省光伏发电产业逐渐扩大规模，从农村地区扩展到城市和工业区域，为吉林省的电力供应提供了可持续、清洁的能源解决方案。同时，为了推动光伏发电产业的技术创新和进步，吉林省积极开展与国内外企业和研究机构的合作，并推动光伏农业、光伏牧业等“光伏+”地面光伏并网发电项目建设，通过引进先进的光伏技术和设备，吉林省的光伏发电效率不断提升，系统性能得到了有效改善。如今，光伏发电已成为吉林省重要的能源供应方式，快速发展的光伏发电为吉林省全面振兴全方位振兴奠定基础，也对环境保护和可持续发展作出积极贡献。

（3）打造光电全产业链

为把丰富的光资源优势转化为产业优势，吉林省还构建了能源开发与装备制造协同跟进的产业体系，致力于打造光电全产业链，以促进吉林省光伏发电产业的进一步发展，现阶段硅料、逆变器、背板、胶膜、浆料等产业落地条件逐步成熟，光伏电池、组件、玻璃、边框、支架等产业发展前景向好。目前，华能、中广核、国家电投等10余户电力央企已落户白城开发新能源，三一、远景、中材等20余户新能源装备制造企业在白城投资建设，已基本形成从整机到零部件全程配套的全产业链。

“十四五”期间，吉林省将充分利用省内优势条件，积极引进具备自有知识产权且产业化程度较高的光伏电池、组件制造产业头部企业入驻，形成以单晶

P 型电池、N 型电池、HJT 电池、TOPCon 电池等高效光伏电池、组件技术为主的规模化产能，促进终端产品快速提升市场占有率。此外，发挥大型国有企业多的优势，吉林省将支持老工业基地传统制造业转型，培育光伏玻璃、边框、支架、逆变器等常规辅材和装备的配套能力。力争在“十四五”期间逐步形成满足东北地区和覆盖华北地区的终端产品市场供给能力，逐步形成比较全面的配套产业链。

（4）光伏发电照亮乡村振兴路

作为十大精准扶贫项目之一，光伏扶贫为吉林省乃至全国如期打赢脱贫攻坚战作出重要贡献。光伏扶贫是“授人以鱼不如授人以渔”的生动实践，光伏扶贫以太阳能光伏等可再生能源在农村生活中的应用为重要抓手，对于实现“双碳”目标、促进乡村振兴以及实现村民致富增收具有重要意义。首先，光伏扶贫有力扭转了农村原有的“家家有炊烟，户户污染源”的能源消费模式，有利于推进绿色低碳能源结构转型，增进群众生态福祉，助力“双碳”目标实现。其次，光伏发电“自发自用”模式能够减少输电损失、节约输电成本，助力农村电网改造，保障农村电网的稳定性，从而为新时代乡村振兴提供支撑与保障。再次，分布式光伏补贴与售电收益多渠道分配方式可以实现村民和村集体收入持续稳定的增长，为促进村民脱贫、巩固脱贫成果、扎实推进共同富裕发挥重要作用。最后，在新技术新模式的加持下，“光伏 + 农业”“光伏 + 旅游”等分布式光伏发展模式为乡村振兴提供源源不断的强劲动力，也衍生出新的增收业态，为乡村振兴与共同富裕注入全新活力，让老百姓真正享受到能源转型、低碳发展的时代红利。

因此，2014 年 10 月，国家能源局、原国务院扶贫开发领导小组办公室联合发布了《关于实施光伏扶贫工程工作方案》，决定利用 6 年时间组织实施光伏扶贫工程，并就具体工作作出部署，开启了光伏扶贫发展新篇章，同时“十三五”时期，国家颁布多项与优惠电价、资金管理、收益分配相关的政策，为光伏扶贫保驾护航。

在国家的大力支持下，吉林省着力推进光伏扶贫项目，先后实施5批光伏扶贫项目建设，为完成脱贫攻坚发挥重要作用。当前，吉林省又持续提供光伏扶贫补贴以及出台一系列政策，从而巩固脱贫攻坚成果，为建设美丽乡村、实现乡村振兴提供了良好的借鉴依据和实施途径。

3. 水能：为吉林发展“蓄能”

吉林省西部具有丰富的“风”“光”资源，而水能资源丰富也是吉林省东部得天独厚的优势，开发潜力巨大，因此，吉林省加快建设“山水蓄能三峡”重大工程，积极推进东部“山水蓄能三峡”与西部“陆上风光三峡”深度融合发展，从而优化新能源与抽水蓄能配置，推动水风光三大新能源互补。

（1）水能资源丰富①

从吉林省总体水能资源来看，吉林省水能资源理论蕴藏量为456.46万千瓦，理论电能约400亿千瓦·时，吉林省水能资源开发程度很高，已达到国内先进水平。

从吉林省水能资源地域分布情况来看，吉林省水能资源分布不均，主要分布在东部山区的吉林、延边、白山和通化等市（州），集中在松花江、鸭绿江、图们江各水系，其中，松花江水系的理论蕴藏量为210亿千瓦·时，占全省理论蕴藏量的50%以上。在全省河流中理论电力达2.5万千瓦·时以上的河流有26条，理论蕴藏量286.2万千瓦，理论电能为125.19亿千瓦·时。

从吉林省水能资源开发潜力来看，全省按设计标准选定适合修建水电站的工程地点共有662处，主要分布在东部第二松花江上游及鸭绿江流域。东部山

① 参见吉林省能源局《吉林省新能源和可再生能源发展“十四五”规划》，2022年11月。

区部分河流水库落差大，水能资源丰富，适宜发展抽水蓄能电站，即吉林、延边、白山和通化等市（州）具备较大的开发建设空间，并且抽水蓄能理论蕴藏装机量超过 3000 万千瓦。

（2）水力发电快速推进

依托丰富的水资源和潜力巨大的水电发展条件，早在 20 世纪初，吉林省就开始了水电资源的勘探和利用工作。1916 年，吉林省首座水电站——桦皮岭水电站建成投产，标志着吉林省水电发展的开端。随后，相继建成了多座小型水电站，为当地的农业灌溉和工业发展提供了可靠的电力资源。

吉林市丰满水电站（中共吉林市委宣传部供图）

20世纪50年代，随着国家经济的发展和对能源的需求增加，吉林省水电发展进入了一个崭新的阶段。在这一时期，吉林省相继建设了一系列大型水电站，如吉林常山水电站、辽源水电站和通化水电站等。这些水电站的建设不仅为吉林省的经济发展注入了动力，也为东北地区的工业化和城市化打下了坚实基础。

随着科技的进步和理念的创新，吉林省的水电发展开始注重节能环保和可持续发展。近年来，吉林省相继建设了一批具有先进技术和环保特点的水电站，如梨树江水电站和江源水电站等，这些水电站采用了先进的装备和管理技术，最大限度地减少了对生态环境的影响，并提高了发电效率和能源利用率。

当前，吉林省水电开发实现规模化发展。未来，吉林省将进一步加大水电开发利用的力度，充分发挥水资源的优势，有序开发剩余水能资源，加强水能资源综合利用，优化水电站的建设和管理，进一步提高吉林省调峰能力，支撑电力系统安全、稳定经济运行。同时，吉林省还将加强与其他能源形式的协调发展，积极推动清洁能源的利用和储备，水电开发进入规模化、平稳化发展阶段。

（3）打造水电全产业链

为更好推进水力发电的进一步发展，吉林省着力打造水电全产业链，当前，吉林省水电产业链呈现上下游环节协同发展的格局，形成了良好的产业布局。从上游水电资源的勘探和利用，到中游水电站建设和运营，再到下游电力输送和利用，各个环节紧密衔接，实现了优势互补，提高了全产业链的综合效益。

未来，吉林省将继续加大对水电全产业链的开发力度，推动水电产业链的进一步发展，为全省乃至全国的经济发展和能源转型提供可持续的动力。

（4）“山水蓄能三峡”为吉林“蓄能”

抽水蓄能是全球公认的配套风、光等新能源开发最有效的手段，在众多储能模式中，抽水蓄能是目前技术最成熟、经济性最优、最具大规模开发条件的储能方式，抽水蓄能电站被誉为超级“充电宝”，也就是可利用电力系统负荷低谷时剩余电能从下水库抽水至上水库，将电能转化为水的势能储存起来。抽水蓄能具有调峰、调频、调相、储能、系统备用和黑启动等功能，以及容量大、工况多、速度快、可靠性高、经济性好等技术经济优势，在保障大电网安全、促进新能源消纳、提升全系统性能中发挥着基础作用，是能源互联网的重要组成部分。

因此，为配套“陆上风光三峡”，构建新型电力系统，保障电力系统安全稳定运行等目的，吉林省加快发展抽水蓄能，着力建设“山水蓄能三峡”重大工程，即利用吉林省东部山区丰富的山水资源，打造千万千瓦级抽水蓄能基地，承担调峰、填谷、调频、调相、紧急事故备用等任务，起到调节电网峰谷差、保证电网安全、稳定运行的作用，构建多能互补、安全高效能源体系，确保如期实现“双碳”目标。吉林省“山水蓄能三峡”包括已建成的白山抽水蓄能电站机和敦化抽水蓄能电站，分别装机 30 万千瓦和 140 万千瓦；在建的蛟河抽水蓄能电站，装机 120 万千瓦；纳入国家《抽水蓄能中长期发展规划（2021—2035 年）》的 7 个站点和拟纳入《“十四五”国家电力规划中期调整》的 14 个站点，分别总装机 920 万千瓦和 1720 万千瓦。全部建成后总装机将达到 2930 万千瓦，超过三峡装机规模，形成东部“山水蓄能三峡”与西部“陆上风光三峡”双向互济的局面。

4. 成就：点亮“能源之光”

近几年，吉林省聚焦中央重大战略部署，紧盯国家政策导向，坚持以习近平新时代中国特色社会主义思想为指导，全面贯彻党的二十大和省十二次党代会精神，积极稳妥推进碳达峰、碳中和，深入推进能源革命，加快规划建设新型能源体系。围绕“一主六双”高质量发展战略，聚焦“六新产业”发展和“四新设施”建设，充分发挥省内新能源资源优势，稳步推进以风能、太阳能、水能等为代表的新能源开发利用，将资源优势转化为产业优势、发展优势、竞争优势，加快建设“陆上风光三峡”和“抽水蓄能三峡”等重大工程，并带动新能源装备制造业发展，实现资源开发与装备制造相互促进，新技术、新产业不断拓展，初步形成了全省新能源协同互济的发展新格局。

（三）结语

“中国式现代化是人与自然和谐共生的现代化。”这是习近平总书记在党的二十大报告中明确指出的，并在报告的第十部分“推动绿色发展，促进人与自然和谐共生”部署了重点任务，其中就包括深入推进新能源革命从而稳妥推进碳达峰、碳中和。因此，调整能源结构是中国式现代化进程中的内在要求，是改善经济发展模式、满足民众对生态福祉的需求、扎实推进共同富裕等任务的重点路径，也是吉林省乃至全国所共同前进的目标。

清洁能源的开发，已经成为吉林省主动调整能源结构和推动高质量发展的重大举措，为制造业的清洁化、低碳化、绿色化转型，为吉林省和全国碳达峰、碳中和的目标如期实现保驾护航。依托西部丰富的“风”“光”资源以及东部丰富的“水”资源，吉林省推进“陆上风光三峡”与“山水蓄能三峡”等重大工程的建设，这些重大工程在精神实质和实践要求上，都和人与自然和谐共生的中国式现代化高度契合，成为吉林省新能源革命和“双碳”目标推进过程中的亮丽名片，为中国式现代化的建设贡献吉林力量。

以风能发电并带动相关产业发展。吉林省尤其是西部地区风能资源丰富且全年稳定，在国家的重视与省政府的谋划下，吉林省风力发电产业快速发展。风电不仅成为吉林省内的第二大电源，以供省内消纳，也可通过鲁固直流特高压线路以及“吉电南送”特高压外送通道将风电源源不断地输送省外。此外，风电产业的发展也带动形成了风力发电全产业链，促进产业升级的同时也降低了风力发电成本。

以光伏发电并照亮新时代乡村振兴新路。吉林省尤其是西部地区太阳能资源丰富，因此从农村地区开始，吉林省大力推动和发展光伏发电产业，已成为吉林省重要的能源供应方式，并积极打造光伏发电全产业链，同时光伏扶贫也为吉林省乃至全国如期打赢脱贫攻坚战作出重要贡献，助力乡村振兴与共同富裕，这正是中国式现代化进程中人与自然和谐共生和实现全体人民共同富裕理念的充分实践。

以水力发电并配套“风”“光”资源发展抽水蓄能。吉林省东部拥有丰富的山水资源，适宜发展水力发电产业，一座座水电站在吉林省建立，并形成了良好的水电产业布局，在减少对生态环境破坏影响的基础上提高了发电效率和能源利用率。同时，配套以“风”“光”资源为基础的“陆上风光三峡”，吉林省同样大力推进“山水蓄能三峡”工程，承担调节电网峰谷差、保证电网安全、稳定运行的作用，形成西部“陆上风光三峡”与东部“山水蓄能三峡”双向互济的局面，真正实现人与自然和谐共生。

经过吉林省的布局建设，吉林“陆上风光三峡”已初见成效，西部国家级清洁能源基地日趋成熟，一排排风车组成的风力发电站星罗棋布，一望无际的光伏板在阳光下熠熠生辉，源源不断的清洁能源通过电网输送到远方，同时“山水蓄能三峡”也快速推进，储蓄电能，也为吉林省发展“蓄能”。

在中国式现代化建设中，新能源产业发展是其中关键一环，代表着未来技术变革和能源发展的方向。自然资源禀赋是吉林省固有的优势之一，尤其以风能、太阳能、水能等为代表的新能源发展潜力较大。努力将资源优势转化为产业优势和发展优势，力争实现“双碳”目标，契合中国式现代化人与自然和谐共生的理念，吉林始终在路上。

第四章

吉遇吉享 白山松水涌动发展热潮

实现高质量发展，需要顶层设计的前瞻部署与科学规划，这其中区域协调是统资源、促发展的关键，城市建设是强引领、建标杆的核心。在书写中国式现代化吉林篇章的过程中，“一主六双”战略精准研判发展形势，着眼推动高质量发展，着力增强城乡区域协调发展的“关键棋”，梅河口则堪为全省宜居宜业、协调推进、凸显“人民至上”的模范城市。从全省步调一致，以“一主”长春为引领，“双廊”构筑产业新格局，“双带”打造现代产业带，“双线”开发旅游新资源，“双通道”开辟开放新赛道，“双基地”创造创新新动能，“双协同”开启合作新征程，到梅河口突出发展优势、坚持为民谋福、落实顶层部署，始终以满足人民对美好生活需要为主线，高质量发展在吉林行稳致远、中国式现代化在吉林进而有为。

一、“一主六双”战略：推进区域协调发展

（一）引言

白山松水，沃野千里，广袤的吉林大地上升腾起了振兴发展的滚滚热潮。提到东北，自然会让人联想到“老工业基地”这一称谓。一直以来，东北地区受体制机制、经济结构、对外开放、思想观念的短板问题桎梏。经济社会增速缓慢，产业结构升级乏力，本土人才流失严重等现实性问题长期制约着东北地区的高质量发展，让这片曾被誉为“共和国长子”的地方度过了一段艰难的岁月。2020 年 7 月，习近平总书记在吉林省视察时，留下了“体现新担当、实现新突破、展现新作为”的殷殷嘱托，为吉林指明了前行的方向。

落实“一主六双”高质量发展战略，就是要从顶层设计上对标对表习近平总书记视察吉林重要指示精神，紧扣党和国家工作全局的部署要求，聚焦高质量发展中心主线，立足优势禀赋，顺应发展需要，满足人民群众对美好生活的向往，丰富新时代吉林发展内涵，奋力探索中国式现代化的吉林路径，在全面推进中华民族伟大复兴中贡献吉林力量。

有了“一主六双”的把脉定航，吉林人民铆足干劲、日夜兼程、千帆竞发，在这片充满希望的大地上，用勤劳、智慧与汗水创造出了一项又一项辉煌的成

就。社会发展的进步，充分展现了“一主六双”战略在实现高质量发展中所起到的关键性作用，更让吉林省的区域协调发展行稳致远，进而有为。

（二）“一主”长春：辐射带动区域协调发展的“主引擎”

作为国内省会城市经济首位度（省会城市经济占全省比重）最高的城市之一，长春市 GDP 占吉林省 GDP 的比例超过 50%，在经济体量上的绝对优势使长春成为引领全省发展的“领头羊”。这就要求长春既要建立起以自身为核心的现代化都市圈，成为全省经济的新增长极，又要发挥出在经济体量上的比较优势，建立起长春与各市州的对口合作关系，发挥出对周边地区的辐射带动和示范引领作用，在重点产业领域形成外溢效应，成为统筹全省经济建设与社会进步的科学道路。

1. 长春新区：提高辐射带动与示范引领作用的“核心区”

释放中心城市对周边的辐射带动作用，需要一个高质量发展的“内核”，推动区域内各产业实现特色化发展，从而构建产业生态体系，驱动城市产业功能不断升级，进而放大城市空间实现创新要素的集聚发展，让“寸土寸金”的城市核心区的产出效率进一步提升。

1988 年，长春市委、市政府决定在长春南部地区建立“南湖 – 南岭新技术工业园区”。1991 年 12 月，国家科委将工业园区改称“长春市高新技术产业开发区”，这是吉林省首个获批建设的国家级开发区，也是长春新区的前身。时间来到 2016 年，长春新区获批成为全国第 17 个国家级新区，自此开启新区建设的崭新阶段。2020 年 7 月，习近平总书记在考察吉林省期间强调：“高新科技园区要围绕国家战略需要，坚持高水平规划、高标准建设，走集约化、内涵式发展道路，要重视基础设施规划建设，更要打通产业链、供应链，在区域经济发

长春冰雪新天地夜景（中共长春市委宣传部供图）

展中发挥带动和辐射作用。”长春新区以总书记的明确要求为先导，努力将自身建设成为吉林省“创新经济发展示范区、新一轮东北振兴重要引擎、图们江区域合作开发重要平台、体制机制改革先行区”。

2. 华为：以数字产业推动吉林创新型省份建设

培育发展龙头企业，目的在于在区域产业集群发展的过程中，龙头企业具有引导产业集群经营发展方向、担当产业化经营的主体组织、承担产业集群技术进步开发等重要作用，从而以产业集群知识创造增强集群核心竞争力，以产业集群知识扩散提升整体经营水平，在集群内形成更为良好的发展氛围。

谈到华为，自然会让人联想到智能手机、手表等电子产品。作为全球领先的信息与通信解决方案供应商，华为在云计算领域拥有全球化运营能力与世界级品牌影响力。这与长春新区在大数据、互联网等数字产业发展，推进“数字新区”的建设不谋而合。2016 年 3 月，长春市政府与华为公司达成《华为企业云东北亚云计算中心》合作协议，正式开启了长春新区的“云时代”建设。2018 年 10 月，华为长春云计算数据中心正式上线。此后，华为先后建设了华为云联合创新中心、高新区软件开发云平台等项目，为打造“长春光谷”赋能增效。

云计算的加入，让政府部门的政务服务跨入“云端”。自从云计算中心投入运营后，已有政府直属的 30 多家委办局使用政务云服务，建立起了长春智慧司法云、互联网法庭等多个平台。在过去，老百姓到政府部门办事，要准备各种各样的证件、开具各种各样的证明，办事流程相对比较烦琐。而现在，这些信息上传到华为云计算平台后，经过分析处理轻松实现了政府部门之间的信息共享，既加快了数据的传输效率，也为老百姓带来了实实在在的便利条件。长春互联网法庭就是适应互联网发展趋势，利用云计算平台而建设的服务系统。2022 年 1 月，长春新区人民法院内设长春互联网法庭，专门审理吉林省范围内由基层人民法院管辖的互联网案件，这是东北地区首家也是唯一一家正式设立的互联网法庭。在使用中当事人可在网上完成案件立案、缴费、送达、调解、证据交换、庭审、宣判等诉讼环节，极大降低了诉讼时间成本和经济成本。

华为入驻以来，长春新区的集聚效应进一步凸显。新区吸引来了更多数字企业纷纷加盟，数字经济的集聚效应得到充分的释放发挥。截至 2023 年 8 月，长春新区入驻数字经济领域企业 439 家，数字经济关联企业 2500 余家，其中规模以上数字经济类企业 91 家，2022 年数字经济总营收额达 155.56 亿元。在建和已建成的数据中心 6 个，算力中心 1 个。[①] 不仅如此，长春新区还充分利用长春在科研教育上的资源优势，成立了长春数字经济产学研创新联盟。创新联盟

① 《长春净月高新区：夯实数字经济“底座” 打造数字产业创新高地 网易（长春）数字产业中心正式开园》，人民网－吉林频道，http://jl.people.com/n2/2023/0802/c349771-40516684.html。

成立于2020年5月，成员包括华为、中科院光机所、吉林大学、长春理工等多家知名高校院所，在强化高校与政府、企业合作的同时，实现了高校在人才培养、科学研究、社会服务与社会需求的有机结合。在过去，大学生下厂实习走马观花的现象比较严重，学习效果并不理想。而今在长春的一些大学，通过校企合作建设数字产业学科，企业能够为高校实验室提供与企业相一致的计算机控制系统，同时高校引入企业高管和技术管理人员来校讲座授课、课程置换、联合指导毕业设计的企业导师模式。建立大学生毕业后顶岗实习的学徒制模式，校企共同制定招生、招干方案，发展后成为校企合作共建企业对口的专业课程，建立了“招生即招工、毕业即就业”的多赢模式，让专业人才在实战化培训后，在短时间内快速上手，提高了工作效率。

有了城市核心区的创新承载与要素集聚，长春正在领衔全省创新驱动的“加速度”；有了核心企业的示范引导，吉林省的战略性新兴产业实现了产业链条的全面升级。在核心区与核心产业的集聚发展与共同加持作用下，长春在全省范围内的示范带动作用得到了显著提升，一个以创新驱动、新兴产业、未来产业为代表的核心区与核心产业正在长春上演着蓬勃发展的大戏。

从“一主”到“新区”，从“一枝独秀”到“百花齐放”，“一主六双”展现了长春作为省会城市为促进全省区域协调发展而作出的卓越贡献，使吉林省的区域协调发展有了“主心骨”的支撑与带动。

（三）“六双”建设：实现区域协调发展的“主抓手”

1.“双廊”：以集群化发展促进产业协调

（1）工业走廊：一汽解放引领新能源汽车产业深刻变革

汽车产业是吉林最为重要的支柱性产业，有悠久的历史沿革、生产第一辆国产汽车的辉煌成就，也曾因产业转型升级慢、创新能力不强等问题而饱受桎梏。而今，构建“环长春四辽吉松工业走廊”，就是要将吉林省的汽车、石化、装备等传统产业领域升级改造，增强跨区域产业协同发展的能力，避免无序竞争、恶性竞争和低水平建设重复建设的不利风险，形成既竞相发展又携手共进的良好态势。

汽车产业时刻牵动着吉林省的经济发展命脉。一台汽车的零部件数量在2万个以上，从研发生产再到组装成型，其背后是一条规模巨大的产业链条，涵盖上百家企业，上万名员工。“十一五”期间，吉林省开始在政策上支持汽车产业集群的发展，“十二五”期间又加快了汽车配套服务业的发展，将重点放在了汽车金融与物流方面。而后又从汽车文化的角度出发，建设了长春国际汽车公园、汽车博物馆等，汽车产业集群粗具规模。如今，一汽正在引领一场新能源汽车产业的深刻变革，而这需要全产业链共同努力推进产业的协同发展。从研发到营销，每一个环节都能找寻到新能源汽车产业发展的未来潜力。近年来，一汽解放领衔长春市政府、白城市政府、松原市政府、吉林大学、武汉理工大学、吉电股份、吉林电力、南方电网、宁德时代、博世动力、中车时代、重汽集团等14家政府、高校及企业代表共同签署框架协议，成立了“新能源商用车产业发展战略联盟”。在这次跨越政商企多方的合作中，促成了一条集研发、生产、传输、销售于一身的内循环新能源汽车产业发展新模式，进一步满足各产业、各区域对“碳达峰、碳中和”绿色发展的现实需求。在新能源汽车的研发阶段，2022年11月一汽解放、上海重塑能源与长春二道区达成三方合作，将建设长春市首个集燃料电池系统、核心零部件、工程应用开发服务三位一体的氢燃料电池发动机生产园区，为新能源汽车的研发工作奠定基础。在新能源汽车的销售端，一汽解放与白城公交、百川物流、绿城龙飞、鼎石物流等物流运输企业及公交集团签订了总计10000辆新能源汽车产品订单，以实际行动加快碱性绿色物流与绿色公交的发展。2020年10月，首批15辆10.5米燃料电池公交车在白城市投入运行，成为东北首条燃料电池公交线，标志着白城市在打造“中国北方氢谷”的战略中迈出了实质性的一步。

中国一汽成立 70 周年大会活动现场（中共长春市委办公厅供图）

在未来，一汽解放将从纯电动、混合动力、燃料电池三条技术路线发展新能源汽车，预计到 2025 年、2030 年、2035 年，一汽解放新能源整车销量将分别达到 12 万辆、32 万辆和 50 万辆，届时将为我国新能源汽车产业的发展奠定更为坚实的基础。

（2）医药走廊：推动“医药大省”迈向“医药强省”

构建“长辽梅通白延医药健康产业走廊”，对于吉林省医药健康产业生产力布局、加快新旧动能转换、由点到面把医药健康产业打造成新的支柱产业，推进医药健康产业实现高质量发展，推动吉林省从“医药大省”迈向“医药强省”

具有重要的战略意义和现实意义。

说起东北，人们常津津乐道东北三宝：人参、貂皮、鹿茸。这三宝当中的人参，素有“百草之王”的美誉，而鹿茸更是人尽皆知的名贵中药材。良好的地理气候条件，加之丰富的药用资源贮备，为吉林省带来了得天独厚的优势。据统计全省共有药用资源 2790 种，蕴藏量占全国 50% 以上的药材品种有 40 余种；全国重点普查的 363 种药材品种中，吉林省有 137 种。人参、鹿茸等药材道地性突出，人参产量占全国 60%、全世界 40%左右，梅花鹿养殖数量占全国

双阳梅花鹿博物馆（中共长春市双阳区委办公室供图）

50%左右。[1]长白山区是“世界生物资源宝库”和“中国三大中药材基因库”之一。山区不仅有人参、五味子、芒草、黄芪、防风、红景天等珍贵药用植物，还有梅花鹿、中国林蛙等珍贵药用动物。如此优越的自然条件，造就了吉林医药产业今日的辉煌。

在医药走廊的核心区，有一颗璀璨的明星。这里山清水秀，风景旖旎，是我国的中药之乡、人参之乡。它就是全国首家被誉为“中国医药城”的通化。早在1955年，通化市就提出了建设医药城的战略构想。1995—2007年的十余年间，通化医药产业以年均增长26.8%的速度，在当时创下了我国医药行业发展的增速纪录。20世纪90年代，通化东宝集团在全省率先实施股份制改革，通化东宝、通化金马、通化万通等本土企业在境内外独立上市，引入了大量外来资本。有了资金上的保障，通化药企实现了由过去以滋补药物为主业向以治疗药物为主业的转型，阿莫西林、基因重组人胰岛素等产品的问世，在当时不仅拓展了通化医药产业的规模，同时也弥补了我国在重要医药领域的空白。从“九五”到“十一五”期间，通化地区的医药城已经粗具规模：中成药生产能力增加到了4万多吨，占全省总产量的近六成；培养了4000多名医药专业人才，为吉林省医药研发事业提供了坚实的人才保障。而今，通化地区现有规模以上医药工业企业72家、集团公司12家，独立、协同或挂牌上市企业14户，国家医药高新技术企业38家，省医药科技小巨人企业39家。通化地区的本土化企业——东宝药业生产的“基因重组人胰岛素”填补国内空白，使我国成为继美国、丹麦后世界上第3个生产胰岛素的国家；金马药业治疗阿尔茨海默病的一类新药“琥珀八氢氨吖啶片”在近期已完成三期临床病例出组，这是全省首款具备完全自主知识产权的小分子化学药物。截至2022年末，通化中药材种植业实现产值145.5亿元，医药健康工业实现产值299.3亿元，服务业实现收入176

---

① 高丹蕾、于悦：《吉林医药产业前景广阔》，《中国信息报》2022年9月8日。

亿元，自主研发的医药品种达 185 个，中药保护品种 23 个，国家一、二类新药 30 个，医药企业可生产 23 个剂型、3603 个文号的医药产品，“千亿级”医药产业集群正在形成。[①] 今后，通化将继续扩大医药产业研发生产规模，进一步做优做强集聚效应、成本效应，突出中医药以及康养服务的特色优势，成为全省医药走廊的强劲动力。让“中国医药城”的美誉声名远扬，让“东北药谷”事业大展宏图。

“双廊”培育着新业态，涌动着新动能，以“万亿级”“千亿级”的磅礴伟业，描绘着吉林省高质量发展的前景与未来，为吉林省全面振兴全方位振兴注入不竭动力。

2.“双带”：以产业带建设促进结构协调

（1）大图们江：“向北开放的重要窗口”

构建大图们江开发开放经济带，以开放合作维护我国东北边境地区的和平与稳定，为地缘政治安全提供保障；进一步增强“一带一路”倡议在东北亚区域的影响力，构建我国在东北亚区域的主导权地位；进而为我国边境地区及少数民族发展提供新的机遇。

20 世纪 90 年代，深圳、上海等沿海地区城市以及“长三角”“珠三角”等区域凭借优越的地理位置条件与政策红利，开放发展建设得如火如荼。然而作为一个内陆省份，吉林省在对外贸易层面上一直处于被动的局面。对外开放事业的不足让吉林人民看在眼里，急在心上。进入 21 世纪，吉林省的开放合作有了新的转机：东北振兴战略的提出将图们江区域确立为长吉图开发开放战略的核心区域，为图们江地区赋予了新的历史使命。图们江发源于长白山山脉主

① 《通化：奋楫扬帆阔步行》，通化市人民政府网站，http://www.tonghua.gov.cn/zwgk/tpxw/sh/202306/t20230630_661457.html。

峰东侧，在我国境内流长 510 千米，流域面积 42700 平方千米。从源头到珲春，是中国与朝鲜的界河。从珲春到入海口的最后 15 千米，是俄罗斯与朝鲜的界河。正是这样一条处于中、朝、俄三国边境的河流，正在演绎着新时代吉林省高水平对外开放轰轰烈烈的大事业。

曾经的东北亚地区，受限于地缘政治、市场需求等因素的影响，始终未能形成长期有效的合作模式。1991 年 10 月，联合国开发计划署提出了图们江区域开放计划，这一计划得到了中、俄、朝、韩、蒙等多个东北亚国家的积极响应，而我国则一直致力于图们江区域的国际开发与合作。为推进我国东北沿边地区的开放，1992 年国务院批准珲春市为对外开放的边境城市，并设立了珲春边境经济合作区。1995 年 12 月，中、俄、朝政府代表在纽约签署了《关于建立图们江经济开放区及东北亚开发协商委员会的协议》，图们江地区的国际合作正式进入到具体实施阶段。之后，我国将推进图们江地区开发开放纳入“九五”计划当中，在规划中与东北振兴战略相对接。进入新时代，“一带一路”倡议的提出，为图们江区域的合作开发带来了新的契机。“向北开放的重要窗口”成为新时代图们江区域新的使命。

历经 30 余年的发展变革，图们江地区从原本的一个边陲之地，逐渐成长为致力开放发展、带动吉林振兴的重要基地。今天的大图们江，促成了吉林省与俄罗斯、朝鲜、日本等国在旅游业、生态、能源等领域的繁荣发展：吉林省统计局公布的数据显示，2023 年，吉林省外贸进出口总额 1679.1 亿元，同比增长 7.7%，增速高于全国水平。其中出口额同比增长 24.9%，已连续三年实现 20% 以上的高增长。对外贸易国别地区由 2020 年的 181 个发展至 2023 年的 197 个，贸易市场日趋多元。中欧班列承载货物 10340 标箱。图们江经济带的建设为吉浙对口合作带来了新的机遇：2022 年“浙肉吉供”项目从吉林累计调运生猪 50 万头，全年入浙粮食超过 160 万吨。浙江在吉投资项目 109 个，其中 42 个项目落户图们江地区，涵盖了在生态示范基地建设、沿边开放旅游大通道、跨区域科技创新合作平台、农产品宣传推介及产销对接等多个吉林省的特色优势产业，总投资额 870.9 亿元，比上年分别增长 13% 和 56.3%。①

一路走来，大图们江区域建设逐步克服了多重困难，在当前世界经济政治格局加速重组、第四次产业革命蓬勃兴起的新形势下，为东北亚区域合作搭建了更具前景的合作平台与机制，为实现更大范围、更宽领域、更深层次的吉林高水平对外开放提供了新的支撑。

（2）四平：全产业链鼓起农民的钱袋子

建设粮食安全产业带，有利于粮食生产总产量的巩固提升，扛稳保障粮食安全的政治责任。同时促进全省农业高质量发展，促进粮食产业由初级加工向精深加工领域发展，促进贸易由国内市场向国内外市场发展延伸，构建起农产品全产业链全方位、高层次的产业发展体系。

2015 年 7 月，习近平总书记视察吉林时给予吉林“争当现代农业排头兵”的殷切嘱托。2020 年 7 月，习近平总书记再次考察吉林期间提出了“要把保障粮食安全放在突出位置，毫不放松抓好粮食生产”的明确要求。

四平立足粮食安全大局，将打造粮食全产业链作为农业农村现代化发展的重要载体，颁布并实施《四平市粮食安全产业带建设实施方案（2021—2025 年）》发展规划，采用以政策为导向，企业集群发展的模式，让农民群体享受到了农业现代化产业链条的发展福利，有效破解了土地资源无人耕种、无人采收、技术瓶颈、运输困难、效益不高等一系列“碎片化”的问题，在全市建立起了保障农业安全的新模式。

为了满足在农业发展中农民对作物耕种、粮食贮藏、经营销售方面的需求，四平市将农民、合作社与农村新型经营主体的各自优势结合起来，建立起“粮

① 《山海不为远　携手向未来——吉浙深化对口合作综述》，《吉林日报》2022 年 7 月 12 日。

食全产业链服务综合体”，将农业生产、粮食精深加工、农资财政支持、农业政策扶持融为一体，以增加农民群体收入、扩大合作社营销市场规模、延长农产品生产加工产业链条为导向，通过财政支出确保农民群众手中卖不出去的余粮能够在农贸市场中卖上价钱，解决了粮食贮藏库容闲置和经营困难的问题。同时建立起合作社与企业之间的联系，为粮食加工与粮食生产搭建了对口衔接的平台，通过银行保险等社会资本的介入，为农企合作解决了融资难的困境。通过建设全产业链的服务新模式，从农民贷款、耕种、经营、丰收到企业运输、烘焙、贮藏、销售、加工实现了全流程无缝对接，促成政府在“粮头食尾、农头工尾”过程中的高效服务与政策支持。四平梨树乡达利农业机械农民专业合作社经营着4000多亩的土地，在引入“粮食全产业链服务综合体”工程后，合作社全程为农民实现管理和服务，让农民有精力进城务工，每户农村居民年均增收超过了30000元，增加了一项稳定的收入渠道。同时，合作社大规模利用联合收割机、大型播种机等现代化的农业生产设备，在提高农业生产效率的同时，显著降低了农业生产所需的成本，每亩地节约资金1500元以上，这笔钱沉甸甸地装在了农民自己的口袋里。在粮食收获的季节，农产品加工企业直接与合作社达成协议，稳定了农业的“粮源”，也让合作社不再为粮食卖不出去而犯愁，让企业和合作社在产业链的建设中都享受到了实惠与便利。有了稳定的初级农产品来源，加工企业将注意力全部集中在加工领域上。四平市鲜谷食品有限公司在产业链中建设了两条鲜食玉米的产业链条，年加工玉米3000万穗以上，公司承包流转的320公顷土地，在错茬期种植白菜，玉米秸秆也加工成了农畜饲料，整个玉米的价值被“吃干榨净”。“全产业链”让普通的玉米实现了经济价值的“蜕变”。

开发开放经济带与粮食安全产业带分工明确、规划科学、体系完备，为吉林省打造开放合作高地，维护粮食安全奠定了坚实的基础。

3. “双线”：以旅游环线建设促进生态协调

建设“双线”，立足于吉林省旅游资源优势，实现了多个精品旅游线路和产品的集束发展，进一步促进了少数民族文化事业的蓬勃发展，开启了吉林省“冰雪 + 避暑”旅游双品牌驱动的产业发展新模式。

吉林省位于中纬度欧亚大陆的东侧，属于温带大陆性季风气候，四季分明。同时，吉林省冰雪资源丰富，与欧洲阿尔卑斯山脉同处于“冰雪黄金纬度带”，冬季漫长寒冷且多雪。春可踏青、夏能避暑、秋赏红叶、冬戏冰雪，一年四季各具特色、景色迷人。“双线”的建设，让吉林省的旅游资源整合在一起，实现了冰雪产业和避暑休闲产业的双业并举。

吉林市松花江畔小雾凇岛美丽雾凇“绽放”（李刚 摄）

来自全国各地的雪友在万科松花湖滑雪场尽情享受冰雪乐趣（江城日报社供图）

（1）北大湖：在冬夏之交踏上新的致富路

发展冰雪旅游环线，能够将全省优质冰雪旅游资源进行要素整合，实现冰雪经济产业链的延伸发展，带动冰雪装备、冰雪文化、冰雪民宿产业的共同发展，从而打造全省高质量“万亿级”大产业。

隆冬时节，北国江城，一个冰雕玉砌、银装素裹的童话世界翩然而至。远眺永吉县北大湖镇南沟村，一簇簇农家乐民宿依偎在山谷中，一个个营业招牌沿公路整齐排列，远山、雪场、白云、鸟鸣汇成的交响乐此起彼伏……

“环境好，住宿近，服务周到”是北大湖滑雪游客对南沟村民宿的一致评价。曾经，南沟村还只是一个贫瘠的小村子，这里的村民连维持生计的条件都不具备。穷则变，变则通。听说北大湖正在兴建滑雪场，南沟村的村民们便打起了修建民宿的主意。张增华是南沟村民宿产业第一个“吃螃蟹”的人。1993年，她在这里开了个100多平方米的饭店，做起了农家乐的生意。直到1995年，滑雪场的生意越来越好，外地游客越来越多，来农家乐吃饭的人也多了起来。1998年，她将农家乐改建成含餐饮、住宿于一体的民宿。眼见生意越做越好，其他村民也看中了这份冬日里的新营生，纷纷将闲置农房重新盘活，进行庭院改造，翻新房屋，装修设计。原本普通的自建房摇身一变，成了错落有致的民宿之家。南沟村的村民们不再蛰伏于冰雪苦寒，越来越多的人投身到红火的“冰雪经济”当中。上海、北京、广东等地游客纷至沓来，感受这冬日里温暖的民宿生活。

民宿产业越发成熟，让南沟村的村民们过上了在家就业的好日子，同时也享受到了产业链增值所带来的可观收益。一些村民在滑雪旺季在雪乡人家的民宿农家乐打打零工，每月也能赚到3000多元。民宿经济的发展，也让饲养家畜家禽的村民足不出村就能将自己家的笨鸡和大鹅销售出去，产业融合的致富新模式也随之应运而生。从2010年开始，南沟村民宿逐渐扩大了规模。到了2017年和2018年，随着客流量增加，这里每年雪季经常出现民宿供不应求的情况。近年来，这里的民宿标准越来越高，跟城里的宾馆相比毫不逊色。随着民宿业的发展，村里人无论年龄大小，只要有劳动能力的，冬天都没有闲着的。一个雪季下来，每个农家乐和民宿的营业收入都能达到十几万元到几十万元。随着冰雪运动不断“升温”，民宿产业不断成型，村民幸福生活的美好画卷正在徐徐展开。

白皑皑的冰雪天，热腾腾的农家菜，火辣辣的关东情……一朵小雪花让村民冬闲变成了冬忙。摸着鼓起来的腰包，这里的人们对冰雪也有了新的认识和定位。冰雪正成为南沟村振兴发展的新引擎、农民冬季致富的新路径。直至今日，南沟村已建成民宿100多家，日接待游客承载量超过1400人，年均收入超过1500万元，让全村200多人得到了就业机会。南沟村还成立了雪友之家，在给游客提供餐饮、住宿服务的同时，也为雪友提供保管滑雪装备、器材，门票代购，联系滑雪学校和滑雪教练等服务，形成了滑雪产业“一站式”服务，显著增加了村民们的收入，让雪友在享受滑雪乐趣的同时，也能切身感受到东北的特色民宿和人们的热情好客。

（2）宋家村：在希望的田野上以“榛”致富

发展河湖草原湿地旅游环线，能够促使旅游产业体系更加完善健全，旅游产品供给更加丰富多元，旅游消费市场更加蓬勃兴旺。吉林省加快查干湖、嫩江湾等重点景区的提质升级，实现全省西部景区高质量发展，为推动生态文明建设提供重要支撑。

重重新绿、勃勃生机，这是当下对宋家村最贴切的形容。金秋九月，当下正是大果榛子喜获丰收、硕果压枝的季节，走进宋家村的群山峻岭间，到处可见正在进行榛子采收、脱粒、晾晒、挑拣的忙碌景象。但很难想象，十几年之前，这里还到处都是等待开垦的荒地。在日益恶化的生态环境面前，宋家村的村民们因地制宜，打响了消灭荒山攻坚战，将光山秃岭变成了果园满山。

宋家村地处永吉县最高处，地势南高北低，属纯山区。十几年前，由于历史原因，宋家村生态系统遭到了严重破坏，水土流失严重。以前村子里种的甜

吉林市北大湖滑雪场（中共吉林市委宣传部供图）

玉米，因为土地肥力不足，味道也不尽如人意，产量品质更是没有竞争力，村民们辛苦一年也没赚到钱。但是，村民们没有被恶劣的自然环境所打败，反而在种植榛子上找到了致富的新出路。一个偶然的机会，村民们了解到“平欧大果榛子”这一榛子品种抗寒且耐潮湿，适合于在山区环境下种植。一些村民自掏腰包，向全省的农业专家“拜师学艺”，又前往其他地区学习种植经验，最终村民们一致决定在宋家村栽培“平欧大果榛子”。

2012 年的春天，宋家村的村民们拼凑了 50 万元，购买了 2.1 万株榛子幼苗种在了村子的土地里。村民们不分日夜地剪枝、施肥，照顾榛子树苗。功夫不负有心人，在当年种植的榛子树中，有 70 多棵榛子树挂了果，种植榛子终于有了收获。宋家村的村民们没有止步于眼前的小成绩，在政府的支持下，村民们组织成立了永吉县仁利榛树栽培农民专业合作社，通过为村民提供苗木购买、技术指导、产品销售等信息，帮助其他村子的村民们一起种榛子。在宋家村村民们的不懈努力下，合作社的榛子种植总面积超过了 500 公顷，加入合作社的 500 多户村民都摆脱了贫困。村民们为了扩大种植榛子的效益，还做起了网络销售，成功地打开了销路。销路有了，村民的收入也在不断增加。如今，宋家村镇榛子产业发展势头迅猛，形成了万亩榛园的产业格局，年林业经济产值达到 3000 余万元，带动 700 户群众增收致富，户均增收 2 万元。

创新创业永无止境，谈到未来，宋家村的村民们打算继续延长榛子的产业链条，计划从一产向二产和三产过渡。二产主要是打造榛子深加工，三产是重点发展旅游产业，并继续以南沟村、宋家村为基础，重点发展民宿与榛子产业。采取民宿加采摘的模式，加大农民的收入。村民们还谋划出冷藏榛子错季销售的新思路，计划打造自己的绿色品牌，力争在现有的基础上人均收入再增加 5000 元左右，让“冰天雪地”与“绿水青山”共同成为老百姓致富路上的“好帮手”。

不负“绿水青山”的美丽画卷，彰显“冰天雪地”的生态价值。蓝天白云、林海雪原、林草丰茂成为吉林省最鲜明的生态底色。“双线”的建设让生态强省的成色更艳丽、成效更突出、底蕴更深厚。

4. “双通道”：以设施联通促进沟通协调

打造“双通道”，重点解决全省基础设施老化问题，推动全省新兴基础设施的全面发展，服务于吉林省向东、向南开发开放的发展需求，通过构建高效、便捷、经济的现代化运输网络体系，增强全省产业升级速度，更好地融入我国

莫莫格湿地白鹤群（吉林省生态环境厅供图）

的新发展格局中。

青山如黛，大道如虹。加快吉林全面振兴全方位振兴，需要构筑新的基础设施“底座”，承托高质量发展的“硬件”需求。“双通道”立足全省沿边近海、东北亚中部区位特点，围绕打造东北亚地区合作中心枢纽，以高速铁路、机场和综合交通枢纽等基础设施建设为重点，全面构建大通道、大网络、大枢纽，形成具有全球资源配置能力的交通运输网，为实现“两确保一率先”目标提供先行保障。

（1）通化内陆港：打开“通边达海”向南开放大通道

打造白松长通至辽宁大通道，将通化地区优质的医药资源、产业基础、区位优势释放出来，实现与优势港口的衔接发展，进一步增强现代物流运输体系对全省高水平对外开放事业的服务与支撑作用。

通化，起于商周，兴于汉唐，盛于辽金，得名于晚清，取意为“融通、教化”之地。穿越历史的沧海桑田，今天的通化，已焕发新的生机，一路向南，通边达海，加速振兴。从通化的自身特点看，这一地区生物医药产业优势突出、上市公司规模在东北东部处于领先地位、民营经济比重大、市场开放性强、创新型贸易型企业集聚，这一系列优势决定了通化地区打造全省对外开放制高点的重要意义。

2016 年 12 月，通化内陆港的第一单——30 辆装载着玉米、人参等特色农产品的车队，由内陆港驶向辽宁丹东港，吉林省的第一个国际内陆港正式开通运营。通化区域内有多家知名大型工业企业，这些企业对原材料的需要量特别大，同时产品也需要运输。通化地区还有很多优质的农产品以及医药产品，原本都能在外部市场大有作为，但就是因为没有运输条件，市场迟迟没有打开。与此同时，辽宁丹东却面临着截然相反的问题：凭借地理位置上的优势，丹东虽然打造了出海港口，却因为经济规模上与辽宁其他港口存在差距，导致港口长期处于“失业”状态。一边是物流丰富却在为运力犯愁的通化，一边是拥有出口海港却缺少业务的丹东，白松长通至辽宁大通道规划一经提出，就让两座城市在彼此的身上找到了突破瓶颈的出路。

2016 年 7 月，吉林通化国际内陆港务区获吉林省政府批复设立。当月，通化、丹东就推进通丹经济带建设签署了战略合作框架协议，通化国际内陆港务区与丹东港集团有限公司签订了合作协议书，确立了长期战略合作关系。短短 4 个月的时间，通化内陆港的建设于 12 月便宣告完工，拉开了通化市打开“通边达海”向南开放大通道的序幕。

内陆港的建成，不仅让通化的许多企业在物流运输环节上节约了大量的资金成本，同时利用便捷的海洋运输，更打开了国际市场。通化奥禾食品是一家拥有独立进出口权的玉米加工企业，旗下产品包括速冻玉米、真空保鲜玉米等。玉米产品普遍对运输条件要求较为严苛，不仅要让产品储藏于低温环境下，同时对运输时间有着严格的把控。以前，奥禾食品的市场范围维持在东北地区，货物运输不仅有复杂的报备流程，在物流成本上也存在着压力。自通化内陆港务区通关运营后，作为第一个通关的企业，奥禾食品在内陆港就能把货物运输所需的申报、查验一站办好，省去了在通关环节上的时间和成本，一个集装箱24吨玉米就能省下1000多元的成本，一年100多条柜，能省10多万元。不仅如此，越来越便利的通道更打开了企业发展的视野。奥禾食品在原有销售体系基础上，打算把玉米产品卖到南非等更多参与“一带一路”倡议的国家，并按照不同国家的需求定制生产，目前正在为此完善生产设备和工艺，为进军海外市场做足准备。

现如今，通化内陆港的货物运输总量和进出口吞吐量实现了逐年稳步增长，2022年运输量突破了1100万吨的大关，并且已经与全球13个国家和国内31个港口通航联运，集装箱堆场面积超过14万平方米。

（2）长吉珲大通道：打造向北开放重要窗口

建设长吉珲大通道，打通珲春通往俄罗斯符拉迪沃斯托克的出海路径，使吉林与日本海相连接，进一步降低内陆省份对开放合作发展的限制性影响，强化长春市对农安县、九台区、吉林市等周边地区的辐射带动作用，有效对接哈长城市群及京津冀地区规划部署，进而稳步提升长春市作为东北亚交通枢纽的国际地位，使海运发挥出更大的价值，为吉林省打造全国向北开放的重要窗口和东北亚合作中心提供切实保障。

党的二十大对加快建设交通强国和推动东北全面振兴取得新突破作出了全面部署。要让吉林全面振兴率先实现新突破，需要进一步优化通道布局、提升枢纽转换能力，提高整体效率、降低物流成本。如何破解吉林作为内陆省份，在开放合作中缺少出海通道的难题，是实现吉林高水平对外开放的核心聚焦。

作为向北开放的重要窗口，珲春市将全省融入共建“一带一路”作为己任，推动全市开发开放向着更大规模、更高水平、更宽领域的方向全面发展，开创了跨越发展、赶超发展、突破发展的新局面，成为共建“一带一路”向北开放的战略支点，推动构建起吉林东北亚中心枢纽的全方位开放新格局。

珲春，有着全省最显著的区位优势，它位于中、俄、朝三国交界，是共建“一带一路”“冰上丝绸之路”的北向新起点，承担起了吉林省高质量发展、高水平对外开放、深入参与东北亚繁荣发展的重要节点。多年来珲春市相继获批口岸进境粮食、冰鲜水产品、食用水生动物等资质，珲春综合保税区、跨境电子商务综合试验区、珲春海洋经济发展示范区等规划得到肯定性批复，开创了口岸进出口货物总量年年攀升，货物品类不断拓展的对外开放新局面。这其中，海产品贸易成为对外开放的“佼佼者”。

珲春近海不临海，却成为我国重要的海鲜产品集散地。凭借得天独厚的区位优势，以及便捷的交通运输条件，当晚捕捞的海产品，第二天就能运到珲春，随后销往全国各地。珲春不仅是远近闻名的“海产中心”，同时也吸引八方来客共品珍馐美味；在珲春的“海鲜街”上，有石磨般个头的帝王蟹、小腿般粗壮的波士顿龙虾、盘子般大小的扇贝，以及活虾、黄蚬、海螺、象牙蚌等各式各样的新鲜海产品，这些海产多数来自俄罗斯、韩国及日本，不少游客在欣赏边陲风光、体验异域文化的同时，也会品尝来自“大海的馈赠”。不少海鲜产品经销商在春节期间还主动推销高端产品，让海产更具“年味”。孟晓娇就是其中的一位，作为延边锦汇国际贸易公司的经营者，将客户定位在了游客群体当中，“大多数游客在珲春游玩的同时，都会来海鲜一条街选购海产品，还会留下联系方式，以便日后联系和邮购”。各式各样打包精美、别出心裁的佳节礼盒，不仅卖出了更高的价格，为公司创造了更多利润，也让游客买着放心、吃着安心。

当地的海产业并没有止步于产业链条的初端，一些投资者将目光放在了产业链的末端，开办多家从事海鲜加工的饭店，这些饭店不会主动提供食材，而是负责料理加工，在店家的建议下，游客能以最低的价格，享受到最优的实惠。国华就是其中一员，他所经营的一家水产店，原来只做一些海鲜的批发零售，没有在大环境下获得太多的利润；随着游客越来越多，海产品供给越来越成熟，他的小店增加了加工餐饮的服务，现货海鲜现捞现做，避风塘炒虾、芝士焗蟹腿、火锅涮蟹钳等各式花样做法，让前来品尝的游客们大快朵颐，更让国华有了富裕的生活。

便捷发达的交通体系，科学高效的审批流程，加之顶层设计的前瞻部署，不仅盘活了珲春的海产市场，当地跨境电商、直播带货等数字经济也随之迎来新的热潮。一部手机、一个支架、一盏明灯，再加上一位能说会道的主播，组成了网红热潮的全部，“珲”字号正以前所未有的速度与方式，引领珲春在高质量发展的道路上行稳致远；2023 年珲春跨境电商进出口贸易额达 51 亿元，同比增幅 44%，稳居全国对俄陆路口岸首位。[①]

珲春，一座冉冉升起的美丽城市，成为共商共建“一带一路”，持续推进高水平对外开放，与民共享开放合作成果的重要经济节点，正在不断将“过路经济”转变为“产业经济”，切切实实地改善了人民群众的生活质量，有效提升了人民群众的获得感、满足感、幸福感，阔步踏出了一条以开放促发展，以发展带开放的康庄大道。

“要想富，先修路。”货轮穿梭通化港口，高速公路织密成网，龙嘉机场扩容提质。“双通道”的建设在满足省内新型基础设施建设的基础上，面向国内外市场“海陆空”立体化交通网络正在加速形成，为全省经济社会发展注入了强劲动能，吉林在“通江近海、向海图强”的高质量发展可持续振兴新路上必将

① 《努力打造“一带一路”向北开放的战略支点》，《图们江报》2024 年 1 月 25 日。

大有作为、大有可为。

5. “双基地”：以基地化建设促进资源协调

抓创新就是抓发展，谋创新就是谋未来。历史与现实告诫我们：创新犹如逆水行舟，不进则退。在时代追逐创新的浪潮中，创新驱动成为经济社会发展的不二法门，吉林省更要紧握时代机遇，立足基础、发挥优势、赢得未来，让创新成为高质量发展的坚强保障。

（1）创新创业基地：为“双创”事业搭建梦想舞台

建设创新创业基地，能够进一步稳定社会就业，激发市场主体活力，支撑全社会各类群体开展创新创业建设，以创业带动就业，以创新驱动发展。同时进一步保障产业链供应链安全，加快科技与经济的深度融合，创业链与产业链的协同布局，科技成果转化与应用体系建设的紧密结合，创造出更为良好的创新创业生态环境。

“三省一区”科技成果转化战略联盟成立仪式（吉林省科学技术厅供图）

长春各类高校有43所，大学生创新创业氛围浓厚；吉林大学、东北师范大学等数十所高等院校坐落长春，十余个国家重点实验室、百余家省部级重点实验室建在长春。各领域企业基础雄厚，一汽、长客等大型国有企业都建设有专业的科研专家团队。2020年长春市进入全球前100强创新集群，全球科研城市排名第38位。就是这样一座以创新自居的城市，也有着创新成果转化率不高，产学研机制不完善，创新产业链断链的现实问题。创新创业基地的建设扭转了长春双创事业的不利局面：在这里，高校、企业、科研院所之间能够围绕企业技术瓶颈展开合作，根据问题导向实现科研资源的最优化配置，最大限度发挥出科研的社会价值。政府通过政策树立科研导向，为社会发展集聚科研力量，进而促成了科研对经济社会发展更为积极的作用。

从长春轨道交通2号线物联网智能自动票务系统，到汽车装备智能物联芯片，在社会生活中的方方面面加入“科技的智慧”，坐落在长春新区的长春光华科技发展有限公司，成立之初经过不到6年的时间，由一家名不见经传的小公司，逐渐发展成为东北三省唯一一家专门从事现代物联网产品、轨道交通智能产品、轨道交通智能安全系统的研发生产型企业，更成为吉林省电子信息产业物联网行业龙头企业，创造了超过10亿元的产值。企业创始人王逸夫满怀对家乡的热忱，博士毕业后返回家乡创办了这家高端智能研发生产型企业。在这里，研发出了国内领先的物联网智能平台、智慧数据分析系统，广泛应用于各行各业。公司成立以来，就得到了政策服务两方面的支持。长春新区专门成立了企业服务团队，并建立了与长春光华之间的长效沟通，详细了解企业生产运行、要素保障、销售经营等环节上的问题并予以协调解决。为了能让人才真正地留在长春光华，新区还为人才专门设立了奖励机制，从一次性补助、安家费、人才津贴等方面满足人才的物质需求。针对异地人才居住需求，新区建设了多个人才公寓，让人才来之能安。

科技是国之利器，国家赖之以强，企业赖之以赢，人民生活赖之以好。在长春新区这片创新创业的沃土上，长春光华科技发展有限公司犹如物联网行业的一颗璀璨之星，汇聚了一批优秀的创新力量，让一切创新源泉在这里充分涌动。

（2）清洁能源基地：为“双碳”目标贡献吉林力量

建设清洁能源基地，将直接拉动基础设施投资建设，促进区域经济增长与就业，进一步实现经济的可持续发展，降低对煤炭、石油等不可再生资源的利用程度，增强对风能、太阳能、制氢能源的探索与应用，为“碳达峰、碳中和”发展贡献吉林力量。

吉林省西部土地空阔，地势平坦，是风能、太阳能资源的发展潜力区，风光资源较为丰富。近年来，吉林省着力利用风光资源，以国家级清洁能源基地为支撑，主体区域包括白城、松原、四平、双辽等，面积约 5.1 万平方千米，发展风电、光伏发电，打造“陆上风光三峡”。

白城市处在大兴安岭与长白山脉之间的西南气流通道上，是中国风能储能最富集地区，是名副其实的大风口。白城市也是吉林省新能源起步最早，发展最快的城市之一。“十四五”时期，仅白城地区就计划新增 2000 万千瓦新能源发电装机容量。近几年，白城地区的风电场每千瓦的造价成本逐渐从 10000 元降至 5000 元，风电的发电成本已经远远低于火力发电成本。2022 年，白城地区风力发电 8 亿度，营收超过 3 亿元。

2021 年，吉林白城绿电产业示范园区获得批准。新建设的绿电园区，将利用园区内产生的新能源直接发电，实现了绿电的就地消纳。富余电力将储存在园区内的储能设备当中，从而使园区建设成为集“新能源生产 + 储能 + 用电”的完整产业链条，让园区内企业享受到用电每千瓦 · 时 0.38 元的低电价政策红利，对国内外用电大企形成更具优势的吸引力。在绿电园区的发展规划中，计划到 2025 年实现消纳清洁能源装机超过 500 万千瓦、年供电 120 亿千瓦 · 时，固定资产投资完成 300 亿元、产出规模达到 300 亿元、税收 30 亿元；到 2030 年，逐步建成产值千亿元、税收百亿元的大型园区。

预计到2030年，全省风电、光伏发电装机容量将达到6600万千瓦，抽水蓄能装机容量将达到1210万千瓦。届时，绿电产业将为吉林省践行“碳达峰、碳中和”发展理念贡献更大的力量。

“双基地”开辟出了一条创新创业与清洁能源同步协调发展的成功道路。人才优势在吉林充分释放，清洁能源在吉林兴旺发展，创新驱动为吉林赋能增效，“双基地”让“大众创新、万众创业”与“碳达峰、碳中和”事业在吉林竞相发展、同频共振。

6.“双协同”：以同城化发展促进政策协同发展

长春、吉林、四平三座城市的面积占全省的33%，人口占全省的52.7%，GDP占全省的近70%，可见三座城市在全省经济社会发展中的重要地位。实现长吉平一体化发展，能够有效推动区域间上下游产业紧密衔接，形成布局合理、分工有序、错位发展、互动融合的产业新格局。打造全省汽车、医药、新材料、航空航天等重大产业的产业集群，进而提升吉林省中部城市群整体实力。

（1）永吉县：在长吉一体化建设中贡献生态价值

长春、吉林，两座城市在经济、农业、生态旅游等层面上有着广阔的合作空间。在长吉一体化协同发展格局中，按照“功能互补、区域联动、阶段支撑、网络发展”的整体思路，重点部署了现代经济产业带、绿色休闲与现代农业产业带、生态旅游产业带三条产业带建设。长吉双方心往一处想、劲往一处使，拧成一股绳，合作更加紧密，变化更加快速，新时代一体化发展的大幕悄然拉开。

吉林市永吉县地处吉林省中东部，松嫩平原向长白山过渡地带，东、北靠吉林市，西连长春市双阳区，南接磐石市、桦甸市。在长吉一体化规划中，三条产业带中的两条——长吉中部现代农业产业带、长吉南部生态旅游产业带覆盖永吉县全境。立足于得天独厚的生态环境资源，永吉县不断推进“农业 + 生态 + 旅游”的产业融合发展新模式，在长吉一体化中探索出了一条既能服务长吉，又能实现自身发展的科学道路。

这几年，永吉县将生态旅游作为全县发展的新起点，利用当地富饶的生态资源，将历史人文、乡土文化等吸引要素纳入旅游产业发展当中，为县域内的许多乡村找到了新的出路。永吉县下的马鞍山村，葡萄种植面积超过 350 公顷，年产量超过 850 万千克，年产值超过 7000 万元。几十千米外的金家满族乡卢家村，民族风情园办得如火如荼。当地村民上山采集山芹菜、蕨菜、广东菜等纯天然有机野菜，让游客体验大自然的珍馐。不少村民饲养的鸡鸭牛羊，直接卖给风情园，省去了中途的时间成本，也能获得良好的收益。

生态环境的价值要挖掘，更要保护。为守护好赖以发展的生态环境，永吉县将污染整治与环境修缮相结合，同时集中开展建成区燃煤锅炉改造工作，全县淘汰黄标车 300 余辆，并在岔路河、鳌龙河、饮马河流域开展河长制管理改善域内河流水质。

春可踏青，夏可避暑，秋可采摘，冬可滑雪。良好的生态环境是永吉县的绿色名片，优美的自然风光更是永吉县的金字招牌。今天，“绿水青山就是金山银山”的理念已经牢固树立在永吉县的发展全过程当中，绿色已成为永吉县的亮丽底色，一幅来自吉林的山水画卷正徐徐展开。

（2）四平：做优做强汽车零部件产业承接

实现长平一体化发展，对于推动绿色转型、加快动能具有鲜明的现实意义。是在全省中部地区拓展都市圈发展空间、赢得竞争优势的重要机遇。促进两市在资源流动、要素优化、错位分工的科学发展，在全省振兴发展中展现更大作为。

2020 年 8 月 13 日，无论对于长春还是四平，都是一个注定载入史册的日子。在省委、省政府高位统筹下，双方签署了《长平一体化协同发展战略合作框架协议》，由此拉开了“长平一体化协同发展”的大幕。建立城市联动，首先就要在产业上找到合适的衔接点，汽车产业成为实现协同发展的共同选择。汽车产业是长春经济的鲜明特色，在长春有全国唯一以汽车产业命名的国家级开发区——长春汽车经济技术开发区。而四平在汽车和轨道交通装备零部件产业上具有传统优势，并建设有四平汽车零部件产业园区，能够有效承接长春经济机械加工产业的“外溢效应”。两座城市锚定汽车产业，在共创一体化的道路上行稳致远。

短短几年，在四平汽车零部件产业园区，一座汽车零部件产业新城正快速崛起。这里聚集着各类汽车零部件生产企业 16 家，其中规模以上企业 2 家，2022 年总产值达 20 亿元。园区产品涵盖橡胶减震、内饰、轮胎、制动等 20 多个种类，广泛应用于燃油汽车、新能源汽车等，畅销全国，相关产品已出口到 60 多个国家和地区。四平纽迪汽车零部件有限公司就是其中的一家企业。2021 年 12 月在四平市政府招商引资的感召下，从苏州昆山迁回四平。这家公司主要从事汽车零部件及配件、通用零部件、塑料制品的制造，金属制品和机械零部件的销售，金属制品、汽车零部件、新材料技术研发、新材料技术推广服务等业务，产品主要用于宝马、奔驰、吉利、比亚迪、上海通用等国内外汽车品牌。在市场经济的大潮下，同行业技术革新、产品研发、产品销售竞争激烈，纽迪汽车在发展中同样面临着用工难、成本高、利润率低、市场竞争力大等问题。2021 年，纽迪汽车准确抓住长春向四平地区转移汽车零部件产业的契机，企业逐渐向汽车座椅相关产业方向转移。2022 年 5 月，长春国际汽车城来到四平汽车零部件产业园区开展合作洽谈，其间促成了一汽富维与纽迪汽车之间的合作。一汽富维的业务范围涵盖汽车座椅、仪表盘、保险杠的设计、研发和销售，与纽迪汽车的业务范围有着千丝万缕的联系。在长平两市政府的撮合下，一汽富维与纽迪汽车签署了全面合作协议，一汽富维将指导纽迪汽车完成 IATF16949 汽车配件行业的质量管理体系认证标准，帮助纽迪汽车提高产品品质，以满足一汽供应商对汽车座椅的硬件需求。开发区将重点引进汽车整车、高端装备及头部汽车零部件企业入驻开发区，努力建成具有省内竞争力的汽车零部件产业集聚发展基地。

接下来，四平汽车零部件产业园区将重点引进汽车整车、高端装备及头部汽车零部件企业入驻开发区，努力建成具有省内竞争力的汽车零部件产业集聚发展基地。

重大项目纷纷落地动工，公共服务一体化基本建成，优势产业集群加速发展，生态环境更加宜居美丽。长吉、长平一体化正在加快实现，现代化都市圈的美好蓝图已经绘就。

（四）结语

“赶考”在路上，“跃升”前程美。协调是高质量发展的内生特点，协调所实现的是社会发展中的动态平衡，其中包括人民群众物质生活与精神文明生活的协调，社会发展与生态文明建设的协调等多个层次的内容。推进区域协调发展是一项久久为功、善作善成的长远规划，也是实现高质量发展，贯彻落实新发展理念的重要环节。在“一主六双”高质量发展战略中，更要将协调放在重要位置，在全省促成统筹发展的新局面。

一是积极培育战略性新兴产业，加快发展新质生产力。吉林省在“一主六双”高质量发展战略中建设有现代汽车、轨道交通、生物医药、基因工程、航空航天、卫星激光、现代通信等多个新兴产业及未来产业，今后更要推动吉林省的新兴产业由“制造”向“智造”方向的转变。要通过科技创新，将汽车、新能源等“老字号”传统支柱性产业向“原字号”方向转型升级，培育壮大“新字号”产业，将创新驱动贯彻落实于企业发展与产业化建设的全过程当中，让产业企业在创新氛围中抢占科技创新的制高点，形成更为有利的市场竞争力。同时要加强对数字产业、智能产业的研发投入力度，依托在领域内的现有优势，加快向中国式现代化产业结构的方向聚集靠拢，实现对中国式现代化产业结构的衔接发展。要为战略性新兴产业营造更为有利的营商环境和服务体系，实现现代服务业与现代产业相互促进、并驾齐驱，为加快形成新质生产力，推动东北全面振兴增添产业支撑。

二是要强化对中国式现代化的战略支撑作用。要围绕国防、粮食、生态、能源、产业“五大安全”做足文章。在国防安全领域中，要继续推进“一带一路”倡议在东北亚地区开放合作中的影响力发展，以“向北开放重要窗口”的职能定位为先导，巩固吉林省在中俄、中朝等东北亚国家合作往来中的功能价值，为营造持续稳定的东北亚地缘政治奠定基础。在粮食安全领域，要继续推进“千亿斤粮食”工程，在黑土地保护、盐碱地治理、产粮大县振兴、智慧农业建设等方面实现长效化发展，确保2035年粮食综合生产能力达到5000万吨。在生态安全领域，要以“双线”建设共同促进对生态资源的科学利用与保护，让生态环境释放出更具潜力的发展价值，同时降低对自然资源的利用和消耗，从而实现生态环境向“金山银山”的价值转变。在能源安全领域，要推进全产业、全要素对清洁能源的探索和应用，加强西部国家级清洁能源基地的建设规模和生产效率，主动引导产业企业自觉树立起绿色环保的发展意识。在产业安全领域，要努力扶持“万亿级”“千亿级”大产业以及基础性产业的发展，以中国式现代化产业结构需求为导向，从产业发展的角度增强对京津冀、粤港澳等顶层发展战略的配套服务能力，在推进社会主义现代化强国建设中体现吉林担当。

“一主”领衔发展，“双廊”集聚动能，“双带”夯基垒台，“双线”创设环境，“双通道”继往开来，“双基地”大有可为，“双协同”众心如城。“一主六双”将吉林省高质量发展推向新的高度。从振兴发展一路走来，向着中国式现代化伟大新征程昂首前行。吉林人民必将牢记嘱托，勇毅前行，沿着伟大复兴之路阔步前进。

二、吉林梅河口：打造宜居宜业现代化城市

（一）引言

“白天的梅河口欣欣向荣，夜晚的梅河口又是令人沉醉的，不愧是一座让人去了就不想走的城市……”这是中央电视台新闻频道“走进县城看发展”对梅河口的报道。近年来，梅河口频频登上央视新闻，成为全国知名的一座美丽小城。

海龙湖（梅河口市委宣传部供图）

梅河口，一座因河得名的城市，作为高质量发展的代表性城市，梅河口快速发展是吉林经济社会发展的一个生动样本。党的十八大以来，梅河口紧紧抓住东北振兴和扩权强县改革试点重大机遇，“无中生有”、大胆创新，培育起医药健康、食品加工、商贸物流、现代服务业等四大主导产业。尤其最近五六年时间，梅河口跑出了加速度，城市经济总量和财政收入均翻一番、建成区面积扩大了一倍，成为东北地区人口净流入城市之一。“十三五”时期梅河口主要经济指标始终保持 15% 左右的增长速度，连续 8 年获得全省县域经济综合考评第一位。

梅河口相继荣膺“全国文明城市”“国家卫生城市”“全国综合实力百强县市”“全国新型城镇化质量百强县市”“全国绿色发展百强县市”“国家生态文明建设示范市”“国家园林城市”“中国营商环境质量十佳县市”“国家全域旅游示范区”“中国最美全域旅游名城”等殊荣。一个个响亮的“国字号”，让这座城市熠熠生辉，让梅城市民引以为傲。

梅河口凭什么取得如此骄人的成绩?

梅河口的答案是：在习近平新时代中国特色社会主义思想的指导下，坚决贯彻省委的决策部署，市委、市政府团结带领全市人民不懈奋斗，走出了一条以人民为中心的具有梅河口特色的高质量发展之路，一座宜居宜业的现代化城市正在崛起。

（二）从“梅河渔村”到“梅河新区”的百年巨变

“梅河口”名字年轻，但梅河地区历史文化悠久。梅河口市原名海龙县，昔日作为清朝皇家“围场”被封禁了 200 余年。海龙县的正式设置，虽始于清末光绪年间，然征史籍和考古资料，历史却相当久远！随着 2020 年梅河口东花园古城址文物的出土，把梅河口的历史文明上溯到了战国晚期至秦汉阶段。

由于地处长白山出入松辽平原进入环渤海经济圈的咽喉要道，梅河口自古以来便成为兵家必争之地。庆云女真摩崖石刻铭记了辽金争锋的烽火岁月，凸显了梅河口作为战略要塞的区位优势。

1. 从“海龙县”到“梅河口”：因路而兴突出区位优势

梅河（满语为阿木巴梅赫必拉，意为大蛇河）发源于东丰县，注入大柳河（今辉发河），入口处的一个小渔村，即取名梅河口。这就是梅河口最早的雏形，一个仅有 10 余户人家的小渔村。

（1）因路而兴形成区位优势

梅河口，因河得名，因路而兴。1922 年，奉系军阀张作霖为了摆脱日本人的控制，制订了修建纵贯东三省的铁路东、西干线计划。其中的东干线，由奉天（沈阳）起经海龙、吉林，到呼兰，连接奉吉黑三省，并确定先建南段，即奉天至海龙（后延至朝阳镇）。奉海铁路于 1925 年 7 月开工，至 1928 年 8 月全线竣工，同年 9 月正式通车，支、干线共 337.1 千米。其中，干线自奉天经海龙至朝阳镇 263.5 千米；支线自梅河口至西安县（辽源市）及煤矿共 73.6 千米。奉海铁路完全由中国人自己投资，完全由中国工程技术人员和工人建设，完全由中国人自己管理，运营后经济效益显著。

1926 年，张作霖不顾日本人的反对，又决定按照修筑奉海铁路的办法，修筑吉（林）海（龙）铁路。当时的吉林省政府采取官商合作、分段修筑、逐段竣工的办法修筑吉海铁路。1927 年 6 月，吉海铁路正式开工，1929 年 6 月吉海铁路全线通车。

1927 年 5 月，始建梅河口火车站，并于 1929 年将站舍扩建为 412 平方米。此后至 1939 年，这 10 年间陆续贯通了梅（河口）四（平）线，建成了梅（河口）辑（安，今集安）线。梅辑线更是跨过鸭绿江与朝鲜满浦站相接，成为连通朝鲜的一大干线，抗美援朝时期为志愿军运送军用物资发挥了重要作用。至此，梅河口真正成为四通八达的交通枢纽，梅河口逐渐繁荣起来，成为四方辐辏的通衢之地。

1936 年 3 月，伪满实行街村制，海龙全县设 3 个街、37 个村，梅河为 37 个村之一。1937 年 1 月，梅河村改为梅河口街，成为境内重要集镇之一，设置了街公所、警察署、宪兵队、铁路警护团和特务机关。从此，“梅河口”的名字固定下来，梅河口不仅成为商品货物的重要集散地，也成为兵家必争的军事战略要地。1945 年 11 月，海龙全境划为 10 个区，梅河口为中心区；1947 年 6 月，梅河口中心区改为梅河口区；1949 年 8 月，梅河口改为梅河口镇。1956 年 10 月，海龙县人民委员会治所由海龙镇迁往梅河口镇。至此，梅河口完成了从“小渔村”到“新兴县城”的升级蜕变。

（2）发挥优势助力经济发展

时至今日得天独厚的交通优势，使梅河口市成为吉林省东南部区域中心城市，是长春、沈阳都市圈交界的区域中心城市，也是吉林省中部城市群中的重要增长极和东北地区重要的交通枢纽城市。沈吉线、四梅线、梅集线 3 条铁路和黑大线、集锡线 2 条国道，沈吉高速，集双高速，抚长高速，营东梅高速分别交叉通过。如此便利的交通条件，为梅河口经济社会的发展创造了基础条件。

“十三五”时期末，全市境内国省干线公路通车总里程达 263 千米（高速公路 94 千米、普通国省干线公路 169 千米），已形成具有一定规模和布局形态的路网体系，其中：高速公路已初步形成“一纵一横”网络布局，“一纵”为沈吉高速梅河境内段，“一横”为集双高速梅河境内段；普通国省干线公路已形成“二横一纵”的网络布局，其中“二横”为抚公公路、集阿公路梅河境内段，“一纵”为黑大公路梅河境内段，二级及以上公路占比达 100%，领先于吉林省内其他地市，普通国省干线公路通行能力和服务水平显著提升，能够有效支撑梅河口市经济和社会发展需要。

（3）协调推进城乡交通建设

梅河口始终坚持城乡统筹发展，不仅要把城市交通基础设施建设好，也要把农村交通基础设施建设好，始终立足于高水平建设，高质量发展。“十三五”期间，梅河口市积极开展“四好农村路”建设，累计完成投资 5.6 亿元，新改建农村公路 19 条 517 千米，完成“畅返不畅”全部整治工程 389 千米，改造危桥 14 座，实施生命安防工程 167.7 千米，全市 303 个建制村 100% 实现通水泥路或沥青路，自然屯通硬化路率达 89.01%，建成“四好农村路”精品示范路线 14 条 130 千米，高标准、高质量的实施规划目标，完善全市路网结构，切实改善百姓通行条件。于 2019 年荣获国家部委联合命名“四好农村路全国示范县”荣誉称号。①

“十三五”时期，梅河口市加快城乡客运一体化建设。全市 303 个建制村均已通客车，通客车率达到 100%，有效推动城乡客运一体化公交网络的形成，有力促进全市城乡客运一体化发展进程。

城市公共交通服务供给不断提升。“十三五”时期，梅河口大力开展公交便民工程，持续进行全市公交线路调整与扩充，实施公交免费化。累计投资 1.6 亿元，新建 1 处公共交通管理服务中心，53 个智能化封闭式公交驿站，安装 52 个充电桩；投入 9 万元，改造公交刷卡设备，制作办理夕阳红城市公交 IC 卡 4.3 万张；投资 42.5 万元委托专业机构编制梅河口市《公交服务质量提升方案》与《公交线路优化方案》，不断调整优化梅河口市公共交通路线，缓解城市拥堵，提高公交乘坐率。“十三五”时期末，梅河口市现有公交车 233 辆，线路 35 条，运营总里程 392 千米，公交车全部安装驾驶员防护栏，公交站点 500 米半径覆盖率接近 100%，日客运量 9 万余人次，公交线路覆盖全市并辐射市郊 26 个行政村，并开通 3 条城区公交线路实现免费化，投入运营车辆 22 台，日输送乘客

① 数据来源：《梅河口市交通运输发展“十四五”规划》。

1.5 万人次，城区免费线路比例达到 20%，形成城乡客运一体化的公交网络，公交服务能力不断提升。①

（4）完善设施促进商贸物流

“十三五”时期，梅河口市致力打造成为交通枢纽与物流中心城市，为全市交通运输枢纽进行一系列提质增效工作。客运方面，在“十三五”时期为客运总站站舍进行全面的装修改造，完善行业规范与组织培训，同时更新一批电子信息设备，提供更加优质的旅客运输服务。货运方面，“十三五”时期全市开放产业准入，开展与天津渤海商品交易所的全面深度合作，成立梅河口渤海商品交易中心，开业运营丽水·梅河口电商产业合作示范园区，建设镇村电商服务中心（站）91 个，积极投入新型物流园区建设，运输服务进一步提高。

“十三五”时期，梅河口大力推动交通运输信息化发展。火车站、客运站开展网上办理业务、网上预约服务、提醒服务以及短信、微信预约服务和提醒服务；通过宣传引导，积极推广 ETC 应用；新建智能交通指挥中心，加强客运、危货、出租车、公交车监控管理，使全市交通管理智能化。

（5）绿色交通发展成效显著

“十三五”时期，梅河口市积极推动新能源车辆发展与城市绿化完善，更新新能源公交车 174 辆，较“十二五”时期增加 161 辆，清洁新能源公交车比例达到 77%；公交综合停车场已建成 1 座（梅河口公交综合停车场），占地面积 23964 平方米，总投资 5128 万元，在满足全市公交车辆停放、日常运营以及充电任务的同时为社会车辆提供服务，清洁绿色交通已成为发展主流，节能减排初见成效。随着全社会新能源汽车占比的持续增长，充电配套设施的逐步完善，节能减排成效日趋显著。②

① 数据来源：《梅河口市交通运输发展“十四五”规划》。

② 数据来源：《梅河口市交通运输发展“十四五”规划》。

2. 从“梅河口”到“扩权强县”：团结奋斗突出人民至上

幸福都是奋斗出来的。习近平总书记指出：“奋斗是长期的，前人栽树、后人乘凉，伟大事业需要几代人、十几代人、几十代人持续奋斗。”[①]梅河口的百年巨变，就是几代梅河口人艰苦奋斗取得的辉煌成就。在这片土地上，梅河口人民视死如归抗击日寇；在这片土地上，梅河口人民浴血奋战夺取解放；在这片土地上，梅河口人民艰苦创业建设家园；在这片土地上，梅河口人民团结奋斗共创名城。

（1）团结奋斗的梅河口人民。梅河口人民是勤劳善良的人民，梅河口人民是勇敢执着的人民。和平年代梅河口人民秉持着艰苦朴素、不懈奋斗的优秀品质，敢闯敢干屡创佳绩，为梅河口发展史书写了绚丽篇章。

梅河口人民能够发挥自然资源优势，通过几代人的辛勤耕耘，把梅河大米推向全国，使梅河大米成为“中国国家地理标志产品”。在梅河口市委的大力支持下，在梅河口人民的不懈奋斗下，梅河大米从“皇粮御米”走上百姓餐桌，走向国际餐桌。梅河大米年产量在16万吨左右，一半以上进行外销，不仅畅销北京、上海等国内30多个大中城市，还远销日本、韩国、新加坡等十几个国家和地区，享誉世界。

梅河口市果仁产业起步于20世纪70年代末，历经30多年的运作和积累，果仁市场日臻成熟，使梅河口成为“亚洲最大的树生果仁集散地”。“世界松子看中国，中国松子看梅河。”从原始的脱壳、烘干、加工成松仁出口，发展到现在的机械化大生产，以及门类齐全的全产业链，果仁产业成为梅河口市四大主导产业之一的食品加工产业的重要组成部分。

---

① 《习近平关于“不忘初心、牢记使命”论述摘编》，党建读物出版社、中央文献出版社2019年版，第241页。

果仁产业也是梅河口市外贸出口额的重要支撑点，是出口创汇支柱产业。梅河口市现有果仁加工企业 303 户，其中有进出口经营资格的企业 121 户，规模以上企业 20 户。年加工松子能力 10 万吨，果仁成品量约 5 万吨，占全国产量的 80%左右，每年出口近万吨左右成品果仁，出口创汇人民币近 20 亿元，占全国同类产品 70%。[①]在吸纳社会劳动力方面、提供就业岗位方面，发挥了重要作用。初步统计，梅河口市常年从事果仁加工、营销的从业人员有 5000 多人，在生产旺季，季节性从业人员可达 5 万人左右，每年创收达 1.8 亿元左右。[②]梅河口市还积极融入国家"一带一路"建设的大格局之中，推动铁路专列满载梅河口果仁直达欧洲。

梅河口市委、市政府深入贯彻习近平总书记在新时代推动东北全面振兴座谈会上的重要讲话精神，坚持"以科技创新推进产业创新"，将果仁产业不断适应市场需求和变化，通过科技创新延伸果仁产业链，在提高产品科技含量上下功夫，增加产品科技附加值。通过科技提取，发展果仁精华的化妆品和保健品，将果仁产业、产品质量和品种推向新的高度，为消费者提供更多、更好的产品，满足人们的多样化消费需求，使梅河口市的果仁产品成为精品、珍品，让消费者在享用中带来愉悦和健康。

（2）为民造福共建宜居城

2013 年，吉林省正式实施扩权强县改革试点。梅河口成为第一批改革试点县市，使梅河口承接省直 34 个部门、通化市 8 个部门共 366 项下放管理权限；梅河口 22 个部门获得省直 34 个部门 70 项支持。

事实证明，扩权强县试点工作，为梅河口"十三五"以来的快速发展奠定了坚实基础。党的十八大以来，梅河口市委、市政府坚持以人民为中心的发展

① 《梅河口着力发展松子加工业》，《吉林农林报》2024 年 1 月 15 日。

② 《吉林梅河口市是亚洲最大的树生果仁加工集散地》，CRI 国际在线 - 吉林，http://jl.cri.cn/20181212/f097376d-183f-47a9-37e1-bc42be8021f9.html。

思想，不懈奋斗满足人民对美好生活的需要。

一是民生幸福工程。建设民生幸福工程，就要有民生实事和民生项目来支撑。“十三五”期间，梅河口市累计投资190亿元，落实53项民生实事，困难群众保障水平达到省级一流。实施棚户区改造工程，安置居民2万户，改造农村危房4867户。建成公交车首末站、出租车之家和市民食堂，央视新闻、焦点访谈多次宣传报道。实施老旧小区改造工程，老城居民住房和生活环境全面提升。每年投入1.5亿元保障弱势群体基本生活，城镇和农村低保标准保持全省第一序列。每年投入3000万元，用于民办代课教师、退役军人和委培生就业安置后续工资发放。

投资3.5亿元建设民康供热项目，实现“同城一网”。改造铁路区域供水系统，实现新城老区供水同源同质同价，解决了困扰铁北区域居民20多年的二次供水问题。打造“红心物业”试点样板，实现全市小区业主自治和专业化全覆盖、无物业小区动态清零。①

龙须沟改造更是民之所盼。铁东社区龙须沟改造工程，彻底改善了小区居民的生活，美化了小区环境，实实在在解决了群众急难愁盼问题。改造之前，龙须沟横穿社区，常年臭气熏天，两侧居民苦不堪言，一年四季不敢开窗通风；两侧路面没有硬化，雨天一身泥，晴天一身土。社区所在街道党委现场办公，制订龙须沟改造规划，要求彻底治理龙须沟，改善群众生活，解决群众难题。在街道党委的直接指挥下，龙须沟得到了彻底治理，河道清理彻底，龙须沟加上了“盖子”，昔日臭气熏天、掩鼻躲避的龙须沟，今天变成了鸟语花香、流连忘返的休闲广场。

市民食堂是梅河口为群众办实事的又一创新举措。市民食堂以“普惠+重点保障+政府扶持”为模式，坚持微利运营，面向全体市民服务，重点保障老

① 数据来源：《中共梅河口市委九届四次全会报告》。

改造前的龙须沟（铁东社区供图）

改造后龙须沟变身休闲广场（高贞林 摄）

年人、特困人员、低保人员、残疾人、脱贫攻坚户 5 类特殊群体。市政府为特殊群体就餐设置了专项补贴，彻底减轻了特殊群体的就餐压力，提升了居民的幸福指数。现在 70 岁以上老人，每天只花 1 元钱就可以在市民食堂及社区指定的党群服务站买到 6 个馒头或 1 袋酥饼及玉米、面条等食品。

二是完善现代化基础设施。“十三五”期间，梅河口市不断加大基础设施建设力度，创新城市管理模式，城市功能持续完善，投资 11 亿元实施道路桥梁建设，共新改建道路 83 条。投资 6.6 亿，改造供热、供水、燃气主次管网 243 千米，加气站 3 座，换热站 62 座，户用燃气覆盖率由“十二五”时期末的 75% 提升至 99%。实施“引龙入梅”输水工程，城市日供水能力提升两倍达到 15 万吨。还投资 6.2 亿元建设了工业新城地下综合管廊，为城市的经济发展奠定了基础。

梅河口社区市民食堂（高贞林 摄）

梅河口秉持“绿色城市”理念，累计投资 30 亿元建设海龙湖公园、人民公园、山水公园等 8 个主题公园以及 36 个城市花园，并全部免费对外开放，城市绿化率达到 44.7%。建设城区“三纵三横”河湖连通生态水网，打造公园城市、花园城市、精致的客厅城市，呈现出林水相间、河湖相连、森林环抱的优美画卷。梅河口在吉林省率先实施环境卫生市场化运作，城市保洁面积较“十二五”时期末增加两倍，达到 1014 万平方米，机械化清扫率由 36% 提升至 90%。公厕布局进一步完善，高标准水洗公厕由 21 座增加至 80 座，“五星级”公厕已成为梅河口的一张亮丽名片。①

三是实施名城创建工程。党的十八大以来，梅河口在先后获得“美丽中国·最美城镇”“国家级卫生城市”“省级文明城市”等多项殊荣后，梅河口人民又开启了“全国文明城市”创建的征程。在名城创建征途上，梅河口人民乐此不疲，在拿下一块块“金字招牌”的同时，也让梅河口的发展迈上了一个新

---

① 数据来源：《中共梅河口市委九届四次全会报告》。

台阶。正如市委书记王爱明所说“我们创建全国文明城市，不只是为了一块牌子，更是要抓住创建全国文明城市的有利契机，多为人民群众办实事，让百姓更有获得感！”

梅河口市人民公园俯瞰图（梅河口市委宣传部供图）

上下同欲者胜。扩权强县以来的梅河口，在省委、省政府的正确领导下，在 62 万梅河口人民的共同努力下，取得了一项又一项亮眼的荣誉，先后被评为全国文化先进市、全国体育先进市、全国平安建设先进市、全国双拥模范城、全国卫生城市和全国十佳“美丽中国·最美城镇”称号。被原国家旅游局确定为全国首批 262 个创建“国家全域旅游示范区”市县之一。全市上下团结一心，共同推进文明城市创建。市委、市政府领导深入一线靠前指挥，身先士卒甘当志愿者，值守斑马线，清扫道路垃圾；各个志愿服务团体，加班加点深入街道小区，清理乱停乱放不文明行为；居民自发组织起来，维护小区卫生和秩序。年长者有年近八旬的“白楼奶奶”清扫小区垃圾，年幼者有六岁孩童捡拾遗漏的烟头儿。在 62 万梅河口人民的团结奋斗中，梅河口终于捧回了这块含金量十足的金字招牌——全国文明城市。

“十三五”以来，梅河口紧紧围绕省委、省政府关于扩权强县改革、高质量发展先行示范区和梅河新区的决策部署，深入实施“三三四四五五”战略布局，有目标、有追求、有理想，驰而不息、奋斗不止，实现了全面建成中等城市目标，完成了扩权强县改革试点任务，经济社会发展和党的建设各项事业实现历史性突破、取得历史性成就，在实践中凝练形成了永不停歇的奋斗精神、无私忘我的敬业精神、敢为人先的创新创造精神、敢于担当的务实精神、敢于超越的争创一流精神、开放合作的包容精神、只争朝夕的拼搏精神七种“梅河口精神”。这七种“梅河口精神”以奋斗为内核，是伟大建党精神的传承与发扬。

3. 从“扩权强县”到“梅河新区”：思想引领突出新发展理念

从 2013 年到 2021 年，8 年时间，梅河口市委坚持以习近平新时代中国特色社会主义思想为指引，实现了从省直管县到省级新区的新跨越。梅河新区是新起点、新征程，要完整准确全面贯彻新发展理念，构建新发展格局，实现梅河新区高质量发展。

（1）坚持招商引资和项目建设贯穿发展始终

“十三五”以来，成功引进泸州老窖、传化物流、皓月集团、申龙客车、一汽富维、正大集团、绿可集团等行业领军企业落户发展，四环制药、步长制药、鲁南制药等全国百强药企持续扩大投资。打造 3 个百亿级项目集聚平台，投资 200 亿元、占地 10 平方千米的工业新城，成为医药健康和食品加工产业集聚区；投资 105 亿元、占地 2.14 平方千米的现代服务业示范区，成为引领高端服务业发展新高地；投资 200 亿元、占地 10 平方千米的新兴产业新片区，成为高端制造、新材料、生态旅游等新兴产业特色基地。开工建设投资 6 亿元的 20 万吨精酿啤酒项目，总投资 10 亿元的绿可装配式建筑产业园，总投资 10 亿元的麦孚营养特医食品，总投资 16 亿元的申龙汽车生产基地，总投资 24 亿元的第五世界旅游度假区，总投资 30 亿元的传化物流“公路港”，总投资 32 亿元的皓月肉牛产业融合示范园，总投资 50 亿元的惠升制药胰岛素，总投资 50 亿元的农产品冷链及现代化智慧物流园 10 个重大产业项目，是梅河项目建设历史上单体投资额度最大、产业项目占比最高、建设速度最快、质量效益最好的时期。

（2）构建了支撑高质量发展的现代产业体系

梅河口出台支持主导产业发展实施意见和支持企业发展十条措施，构建形成了“4+3+N”现代产业体系，做大做强医药健康、食品加工、商贸物流、现代服务业，大力发展旅游业、装备制造业、建筑及配套产业，培育多个面向未来的新兴产业。

医药健康产业。积极支持企业加快新药研发生产，投资 20 亿元的惠升制药胰岛素一期、投资 10 亿元的麦孚营养特医食品、投资 10 亿元的同体制剂、投资 5 亿元的谷红制药 GMP 异地新建、投资 5 亿元的天衡制药和鲁南制药医药生产等项目投产达效，开工建设投资 30 亿元的惠升制药胰岛素二期项目。天衡制药与延边大学合作设立药品研究院和食品研究院。医药健康产业突破百亿级规模，成为全省医药健康产业走廊重要支点。

食品加工产业。开工建设皓月肉牛产业融合示范园项目，打造全省现代肉牛全产业链发展标杆。与泸州老窖合作成立泸源酒业公司和泸州老窖（梅河口）健康酒业公司，建设白酒生产基地，成为泸州老窖在域外建立的第一个酒厂，“印象梅城”系列白酒上市销售；投资 6 亿元的 20 万吨精酿啤酒项目已投料酿造，打造全国最大的精酿啤酒生产基地；投资 2.5 亿元与日本合资、采用日本先进技术的菊乃香清酒项目进入试生产阶段，产品即将上市，形成酒类产业集群。投资 9 亿元的健康食品产业园一期项目投入使用，引进天意辣白菜、韩香汇冷面等企业 13 家。投资 6.5 亿元的果仁产业园入驻规上企业 9 户，梅河口荣获东北亚果仁集散中心称号。

商贸物流产业。总投资 50 亿元、占地 1 平方千米的农产品冷链及现代化智慧物流园区，低温仓储和冷冻产品交易区投入运营，打造东北最大的农副产品、新鲜果蔬、冷冻干货集散基地和物流中心。红星美凯龙家居购物广场和欧亚二期开业运营，成为辐射周边地区的高端商业综合体。传化物流“公路港”项目东北物流结算中心板块全面运营。开工建设投资 5 亿元的山城现代物流产业园和投资 3 亿元的新电商大厦。

现代服务业。现代服务业示范区医疗康养、文化体育、教育教学、生态旅游、商贸休闲“五大板块”建成并投入使用。东北不夜城获评国家级夜间文旅消费集聚区，电商产业园、爨街获评吉林省现代服务业集聚区，梅河口被确定为全省夜经济示范城市建设试点。与国开行、农发行、农业银行、建设银行、交通银行、工商银行等金融机构开展战略合作，项目和企业融资渠道进一步拓宽。开展培育壮大市场主体三年行动，新增市场主体 1.6 万户。

旅游产业。成功创建国家全域旅游示范市，开展“旅游产业突破年”和“旅游产业跨越年”活动，打造了东北不夜城、梅小野星光花海、知北村等旅游新地标，开工建设第五世界旅游度假区和磨盘湖生态旅游度假区，城市客厅获评国家 AAAA 级景区，荣获中国最美旅游城市、最佳冰雪旅游示范区等荣誉称号。

东北不夜城（梅河口市委宣传部供图）

知北村（梅河口市委宣传部供图）

举办首届农民丰收节、海龙湖美食节、东北泼水节、年味大集等节庆活动 60 余场，央视媒体累计报道百余次，旅游影响力全面提升。

装备制造业。开工建设上海申龙汽车制造项目；一汽富维安道拓汽车座椅蒙皮生产项目实现当年开工、当年见效。与长春新区、长春汽开区、长春经开区建立合作关系，规划建设汽车产业园。

建筑及其配套产业。引进中建七局、中建八局、中铁建工、长春建工等龙头企业参与梅河口项目建设；开工建设绿可装配式建筑产业园和恒基新型建筑材料项目。梅河口建筑业进入了快速发展阶段，每年从业人员达到 2 万人以上。同时，地方建筑企业快速发展，地产开发达到了历史最好时期。

新兴产业主要涉及新能源新材料方面。抓住“氢动吉林”先行先试区机遇，加快氢燃料电池项目建设，打造新能源产业园。实施跃兴砂轮氧化锆新材料和稀土冶炼项目，打造冶金新材料产业园。

（3）实现社会事业多元化、产业化、现代化发展，建设“三个中心区”

坚持以专家和人才为核心，全面提升医疗教育文体中心功能，让梅河及周边区域群众享受到更高层次的公共服务。

区域医疗中心。建立吉林大学第一医院梅河医院，医疗救治水平达到全省一流。正在全力创建国家区域医疗中心。实施投资 8100 万元的市第二医院异地新建项目和投资 5200 万元的市中医院改造提升项目；投资 2.5 亿元的天宝康养中心投入使用，成为东北地区唯一的三级精神专科医院。

区域教育中心。占地 2.5 平方千米的教育园区已经建成，第五中学整体搬迁，育才中学、育秀小学、育英幼儿园投入使用；投资 7600 万元新建幼儿园 5 所，成立民办如茵高中，教育教学环境实现现代化。职业教育蓬勃发展，康美职业技术学院成为我省县域第一所高校，在校学生达到 3000 人，为建设梅河自己的大学奠定了基础。累计投入 3000 万元引进近百名教育专家，从吉林大学、东北师范大学等高校引进千余名优秀毕业生，全市高考本科升学率、一本升学率均创历史新高，梅河已经成为周边区域学生接受教育的首选地。

区域文体中心。现代服务业示范区文体板块已建成并发挥了很好的作用。充分利用现代化文体场馆资源，举办全国青少年足球联赛、全国大学生乒乓球锦标赛等国省级赛事20余场，开展“绿色中国行”、啤酒节等大型文艺活动18场，2023年9月成功举办吉林省第十九届运动会，成为东北地区具有较强影响力的文体活动集聚区和赛事名城。

（4）扎实推进乡村振兴战略

梅河口2022年启动乡村振兴三年攻坚行动，开展“农业产业突破年”活动，实施“十百千万”工程和镇村“双百”“双二百”工程。2022年，农业总产值48.03亿。产业结构全面优化。制定蔬菜兜底收购、肉牛养殖、返乡入乡创业等惠农政策，流转土地11万亩种植蔬菜等经济作物，新建冷棚2000亩、暖棚1000亩；新增品牌鸡养殖100万只；镇村两级集体新建牛舍152栋，肉牛存栏、出栏总量达到6万头；培育发展庭院经济示范户、家庭农场各1万户。303个村集体收入全部突破10万元，50%达到20万元以上；预计农民人均收入增加3000元以上。组织化程度全面提升。开展“万名干部进万户”活动，全体市级领导带头，各部门单位“一把手”全部包保村和农户，组成205支驻村工作队，选派237名副科级领导干部和优秀年轻干部担任村“第一书记”。成立市乡村三级农工商公司，新组建115个村党支部领办合作社。建成扶贫仓储服务中心和31个“地道式”仓储窖。形成了种植、储存、销售、加工全链条产业体系。人居环境全面改善。开展“庭院经济建设和农村人居环境整治活动月”，按照“六统一”原则，扎实做好房子、院子、园子、屋子、车子、票子、脑子“七子”文章，创建“千村示范”村88个、“美丽庭院·干净人家”1万户，荣获全国村庄清洁行动先进市。[①]

---

① 数据来源：《中共梅河口市委九届四次全会报告》。

千村示范（中共梅河口市委宣传部供图）

（三）结语

习近平总书记指出："城市的核心是人，关键是十二个字：衣食住行、生老病死、安居乐业。"[①]宜居宜业就是要坚持以人民为中心的发展思想建设现代化城市，才能满足人民对美好生活的需要。

梅河口从小渔村到省级新区的百年蜕变，实现从破落到现代化的华丽转身，建成宜居宜业的现代化城市，给我们带来了哪些启示呢？

一是坚持人民至上的理念。坚持人民至上，要落实到增进人民幸福感上来。

① 《习近平著作选读》第一卷，人民出版社 2023 年版，第 412 页。

人民生活幸福安康是一切工作的目的，要在历史方位标定中，更加深刻地把握人民群众对幸福生活的需要，就是要始终坚持以人民为中心的发展思想，就是要始终与人民风雨同舟、与人民心心相印，想人民之所想、行人民之所嘱，真正把人民群众放在心上，不断把人民对美好生活的向往变为现实。梅河口人民之所以信任政府、支持政府，就因为市委、市政府为群众办实事解难题，真正做到发展成果人民共享。正因为梅河口市委、市政府坚持人民至上，人民才会在名城创建、脱贫攻坚、疫情防控等难题上坚定地拥护市委、市政府的领导。

二是现代化基础设施体系。梅河口因路而兴，梅河口的快速崛起首先得益于铁路和公路交通的快速建设，使之成为重要的交通枢纽。近年来梅河口的迅速走红，又得益于完善的现代化基础设施。因此，宜居宜业的现代化城市，就要建全完善的现代化基础设施体系。这涵盖了人民衣食住行的各个方面，包括教育、医疗、养老、交通、电力、通信、网络等方面的基础设施建设。

三是良好的生产生活环境。梅河口的美景让人沉醉，梅河口的环境让人惊叹，这也是梅河口人引以为豪的亮点，更是梅河口人民深感幸福的原点。美好的环境需要建设营造，需要投入大量的人力物力。同时，美好的环境还需要保护维护，不仅需要日常的经营投入，更需要全民的自觉维护。这就需要提升居民素质，倡导文明新风，践行社会主义核心价值观。

不仅生活环境要好，宜居宜业还要有良好的营商环境。良好的营商环境是招商引资的根本保障，营商环境的好坏直接关系到招商引资的成败，更会影响到经济社会的健康发展。梅河口连续三年获得全国营商环境“百强县市”，连续两年获得全国营商环境质量“十佳县市”荣誉称号，它在营商环境建设方面的一些改革举措具有很好的借鉴意义。

四是敢于担当的干部队伍。火车跑得快，全靠车头带。地方经济社会的发展取决于是否有一支忠诚干净担当的干部队伍。梅河口始终坚持示范引领，各级党员干部走在前列、干在实处，培养出政治过硬、事业至上、担当作为的干部队伍，这是梅河口市委推动各项事业不断前进的根本保证。东北不夜城 17 天打造完成，知北村 66 天竣工，海龙湖 14 个月建成……梅河口的惊人速度源自这样一支闻令而动只争朝夕的干部队伍。

宜居宜业的现代化城市承载着中国人民追求美好生活的幸福目标，梅河新区承载着梅河口人民的美好愿望正在幸福绽放。

第五章

吉路吉创
扩大“朋友圈”共画“同心圆”

开放创新的长春新区活跃着合作的强劲动能，满载货物的中欧班列向远方疾驰而去，跨境电商的直播平台创造着新的业绩，承载着团结与安定的延边在开放中升华民族间的情感与友谊……作为向北开放的重要门户，以及铸牢中华民族共同体意识的重要阵地，推进高水平对外开放，离不开边境地区振兴发展、安全稳定、民族团结的前提和命脉。开放是全方位的开放，长春新区引领发展，高地平台作用越发显现；中欧班列带动发展，跨国捷径让企业踏出国门；新业态经济促进发展，电商让开放更主动、更活跃。团结是更紧密的团结，“同心圆”在延边结下民族间团结与友谊，富民为民的理念在延边让各族人民共享成果，红色非遗文化在延边构筑和谐的精神家园，民族自治制度在延边让人民过上幸福生活。对外开放成就吉林发展，民族团结塑造吉林魅力。

一、为全方位高水平对外开放注入新动能

（一）引言

党的十八大以来，吉林省以习近平总书记三次视察吉林重要讲话精神为指引，坚定地把吉林振兴发展放在国际发展大势与国家发展大局中去思考。坚持开放兴，则吉林兴，以开放促改革、以开放促发展，拓市场、优布局，加快构建高水平开放发展的吉林样板。全面全方位开放，是既要对外开放，也要对内开放。吉林省以长春新区等平台建设为开放核心，以延边、通化、白山等边境城市为开放支点，以通道建设“中欧班列”等多式联运体系为开放牵引，以中国吉林·东北亚投资贸易博览会与全球吉商大会等经贸活动为开放窗口，以口岸升级为开放桥头堡，以吉浙对口合作与吉西南承接产业转移示范区建设为内外联动平台，千方百计引项目、引技术、引产能、引资本、引人才，让市场走出去、产品走出去、服务走出去，形成向东、向南、向北内外联动的新时代全方位高水平对外开放发展新格局。吉林省开放实践紧跟国家的战略部署，争取开放性经济发展主动，赢得了吉林省“我国向北开放的重要窗口和东北亚地区合作中心枢纽”的开放型经济发展定位。2023年，吉林省外贸出口总额再创新高。同时，跨境电商等新业态新模式快速发展。亮眼的“成绩单”充分释放了

吉林推进全方位高水平对外开放的鲜明信号。2023 年 9 月，习近平总书记在新时代推动东北全面振兴座谈会上进一步强调，“要加快建设现代化基础设施体系，提升对内对外开放合作水平”。习近平总书记的重要讲话将成为未来推动吉林开放发展的力量之源。

（二）吉林省奋力推进全方位高水平对外开放

改革开放 40 余年来，我国根据不同地区的资源禀赋，循序渐进走出了一条“经济特区—沿海开放城市—沿海经济开放区—沿江、沿边、省会城市、内地”的区域发展对外开放路径。2001 年中国加入世贸组织后，以制造业大国建设为引领，承接产业转移及加工配套中带动区域分工与经济全球化的深化。通过与其他国家、地区的贸易交流合作，以资源流动速度的加快，有效促进了中国经济的腾飞，成就了世界第二大经济体的发展奇迹。中国的区域发展路线符合地缘政治学提出的“海权论”全球战略经济理论。吉林省及其他内陆省份位于全国对外开放的末梢。面对新时代新征程的发展挑战，近海不靠海的吉林省如果不进一步扩大开放，“蛋糕”必然越做越小。吉林省积极融入“一带一路”，坚持以“放”为先，解放思想，开放包容，用大开放谋划大发展，用大开发迎来大合作，以深化“五个合作”为重点，深入实施长吉图开发开放战略，打造我国向北开放重要窗口和东北亚地区合作中心枢纽。吉林省面对窘境的主动作为，是立足全方位、多层次、宽领域的扩大高水平开放，梳理出开发平台、产业优势、立体网络的振兴发展矩阵格局。

1. 长春新区：当好吉林开放发展的领头雁

长春新区是党的十八大以来，吉林省对外开放合作的新前沿。长春新区立足“长吉图开发开放重要引擎”功能定位，加快建设综合型物流功能平台、融通型科技合作平台、开放型产业合作平台，以园区建设为依托打造内陆开放型经济发展高地。

吉林梅花氨基酸有限责任公司是梅花集团于2017年8月成立的白城企业，拥有目前全球单体最大的赖氨酸产能。赖氨酸盐海外订单需求量大，运输时效性要求高，空运价格高，海运时间长与安全变数大。2023年“长春—莫斯科（梅花赖氨酸）”专列首发，110标箱赖氨酸盐通过铁路高效、安全、准时地发往俄罗斯。长春新区高标准建设进国际陆港、临空经济示范区、国际互联网数据专用通道“一港一区一通道”综合型物流平台为吉林省企业提供了安心选择。

开放不仅仅是要走出去，关键是以什么样的姿态走出去。“吉林一号”——中国规模最大的商用遥感卫星，来自长春新区融通型科技合作平台企业长光卫星。2018年长春新区出台《精准支持长春新区重大成果转化项目与创新平台建设的若干措施》，提出对制造卫星并发射成功的企业，每颗星给予最高50万元资金奖励。2021年长光卫星获评“2020独角兽创新企业”称号，长春新区奖励企业1000万元研发奖金。长光卫星领跑我国商用航天，背后是中科院长春光机所、长春理工大学等吉林省的传统科技优势在长春新区融通型科技合作平台上以真金白银的政策支持使技术性企业焕发新机走出省门、国门，走向世界。目前，长春新区国家级技术转移机构数量占全省40%，国家级A类科技企业孵化器占全省60%，拥有近800户高新技术企业，370余户“专精特新”企业，并将传统产业划分为药谷、光谷、新材料基地等十大特色产业园区助力企业创新发展。

2. 中欧班列：拓展开放经济的新优势

2015年8月，吉林省“长满欧”中欧班列一声汽笛正式鸣响，拉近了吉林省与欧洲的距离，拉低了吉林省众多制造业的物流成本，打破了吉林省进出口产品只能依赖沿海沿边和空港口岸转关的局面。中欧班列是按照固定车次、线路往来于中国与欧洲及“一带一路”共建国家间的集装箱国际铁路联运班列。全国中欧班列打造西中东 3 条通道，联通国内 112 个城市与欧洲 25 个国家和地区的 217 个城市，以及沿线 11 个亚洲国家和地区的超过 100 个城市，已成为中国重要的国际贸易通道。吉林省企业成为这条贸易通道忠实的推崇者。吉林省作为东北老工业基地，工业企业基础扎实，拥有众多国有大型企业，如一汽集团、长春轨道客车集团股份有限公司、中国石油东北分公司等，拥有世界级汽车和轨道客车生产基地。吉林省现已形成汽车、石化、食品、装备制造、医药健康五大重点产业，其中欧班列货运总量近五成来自当地。其中，支柱产业汽车及汽车零部件占比最大，约占货运总量的 1/4，车用风挡玻璃、刹车片、轴承等吉林省本地产品已成为中欧班列运载的“基本款”。

长春兴隆铁路口岸（石雷　摄）

2015 年 8 月，“长满欧”班列开通。2021 年 4 月，“长珲欧”班列开通。2023 年 10 月，同江口岸出境线路开通。中欧班列助力内陆省份畅联国际物流大通道，有效推动吉林省外向型经济发展水平。

3. 新业态：拓展边境资源开放的新思路

吉林省位于我国的东北地区中部，是全国 9 个边境省份之一，有通化市、白山市、延边朝鲜族自治州 3 个边境市州，10 个边境县（市、区），边境线总长 1438.7 千米。边境是开放发展的优势，如何将区域优势转化为开放发展新动能？

王金东是延边朝鲜族自治州珲春市远近闻名的“帝王蟹大王”。几年前，在做边贸生意的王金东发现国内高价的帝王蟹在俄罗斯远东盛产，却经韩国中转绕道进入我国。他瞄准时机，在珲春国际合作示范区水产工业园区成立了禾合海鲜，将俄罗斯深海捕捞的帝王蟹运往全国各地。吉林省边境城市珲春，由于历史因素影响，近海却不临海，周边 200 千米内分布着 10 余个优良港口。近年来，珲春拓展海洋经济，打破近海却不临海的发展束缚。像王金东一样，珲春老姬食品有限公司也在这座边境小城办起海鲜加工企业。青花椒鳕鱼、炭烤明太鱼、蒜香虾尾等各类海鲜预制菜已经抢占市场，并启动二期项目，预计年产海产预制菜达 2 万吨，年产值达 3 亿元。随着开放发展思维的拓宽，珲春向海图强有着不断的崭新实践。2020 年获批设立海洋经济发展示范区，成为全国唯一不靠海的海洋经济发展示范区。珲春以边境经济合作区、综合保税区、互市贸易区三个平台和对俄对朝“四个口岸”为支撑，建设全省对外开放发展的新高地。珲春海洋经济发展示范区，全力推进海产品、清洁能源、木制品、纺织服装、功能食品、光电信息、电商物流、有色金属八大产业。

同时，吉林省在开放发展中聚力边境资源、产业发展跨境电商、外贸综合服务、市场采购贸易等新业态，支持海外仓建设，不断鼓励中小企业开拓国际市场。2019 年 12 月，中国（珲春）跨境电商综试区成功获批。2020 年 1 月，珲春获批跨境电商零售进口试点城市。2022 年 8 月，珲春东北亚跨境电商产业园投入使用。全球速卖通、京东、环球 e 购等跨境电商巨头纷纷入驻。园区不仅让世界产品走进吉林，更将助力吉林产品走向世界。2023 年，珲春东北亚跨境电商产业园实现跨境电商贸易额约 51 亿元，同比增长 44.3%，对俄跨境电商陆运过货量连续多年居国内首位。新赛道选择的背后是吉林省 2021 年起每年召开的中国新电商大会，用产业发展新模式助力吉林开放发展迈上新台阶。

4. 东北亚博览会：强化区域合作的稳定剂

经贸交流是区域发展的重要基石，经贸合作是区域成长的助推器。近年来，吉林省将提升汽博会、农博会等展会层次作为交流平台的重点，推动区域知名度和影响力再上新台阶。

2023 年 8 月，第十四届中国 – 东北亚博览会召开。中国 – 东北亚博览会（简称东北亚博览会）是经国务院批准，由商务部、国务院振兴东北等老工业基地领导小组办公室和吉林省人民政府共同举办的大型国际性区域综合博览会，是继广州“广交会”、深圳“高交会”、厦门“厦洽会”、北京“科博会”及广西“东盟博览会”后的第六个国家级展会。该展会一直坚持“展会 + 论坛 + 活动”的理念，开展多层次对话，推动东北亚各国间的交流与合作。第十四届东北亚博览会举办会议论坛活动高达 29 场。

东北亚博览会为区域内各地市提供展示平台，带动国内乃至东北亚地区经贸活动，面向全球开放。第十四届东北亚博览会上，123 个国家和地区的 2 万余名客商深入交流。我国西北重地宁夏带着 18 家“六新六特六优”产业优势企业参展，葡萄酒、枸杞、滩羊肉等农产品等充分展现了塞上江南的风采。俄罗斯商务日、韩国商务日等双边、多边经贸活动深入开展。韩国医药器械业界“老字号”大韩药品常年和中国沿海地区保持合作，展会董事长李润宇提出欲对接中韩（长春）国际合作示范区等合作平台，与吉林当地政企建立合作关系。2019 年 8 月，习近平总书记向第十二届东北亚博览会致以贺信：“东北亚是全球发展最具活力的地区之一。共建‘一带一路’为拓展和深化地区合作持续注入新动能。当前加强东北亚区域合作的有利条件不断累积。本届博览会以‘增进互信合作，开创东北亚美好新未来’为主题，反映了各方对实现地区繁荣发展的一致向往。希望各国政府、机构和企业代表用好这一平台，汇聚共识、推进合作、扩大成果，携手开创东北亚新的美好未来。”习近平总书记的贺信是对吉林省对外开放商贸平台搭建最有力的肯定。吉林省逐步打破“投资不过山海关”的桎梏，招商引资到位资金连续多年保持 30% 以上的增速。

5. 吉商大会：集聚要素反哺家乡的新势能

吉林省立足于新发展阶段的发展任务，提出构筑现代化产业体系，突出吉林产业优势磁场效应的排产回归、产能回归、配套回归、结算回归、人才回归、创新回归“六个回归”。以“六个回归”带动各类生产要素有效流动，汇聚吉林发展振兴力量。其中，人才回归是重要着力点。2020 年 7 月，习近平总书记视察吉林时曾强调，要创新人才工作政策、体制机制、方式方法，积极营造拴心留才的良好环境。2023 年 9 月，习近平总书记在新时代推动东北全面振兴座谈会上进一步强调，以人口高质量发展支撑东北全面振兴。

2016 年 7 月，吉林省首次举办全球吉商大会，大会落脚在“吉人回归”“吉资回归”，聚焦发展资本血液回流吉林，发展经验回馈吉林，发展人才回报吉林，带来吉林发展新活力。吉商大会作为中共吉林省委、吉林省人民政府支持全球吉商返乡创业的重要战略平台至今已成功举办八届，累计投资家乡近 5000

亿元，近 3 年落地资金达到千亿元规模，已成为吉林吉商双向互惠、振兴发展的生力军。

6. 通道建设：架起“丝路吉林”的新桥梁

党的十八大以来，吉林省交通互联互通取得重大突破，着力国际开放通道、长吉珲大通道、抵边通道推进建设布局。发挥交通运输枢纽作用，旨在成为我国面向东北亚国家的重要合作平台和商贸物流中心，形成全方位、多层次开发开放合作平台体系。

吉林省依托图们江开发开放，明确了向东、向南、向北开放发展三向发力。向东，以珲春为前沿，珲春—俄罗斯扎鲁比诺—韩国釜山—宁波、青岛陆海联

长春兴隆综合保税区首批货物顺利通关（石雷　摄）

运航线与珲春—俄罗斯扎鲁比诺—宁波“内贸外运”航线实现双向运输。向东开放是吉林省发展的重点，对于沿线城市贸易起到重要作用。以延边州为例，1991 年，边境贸易进出口总额为 1.1 亿元；2022 年，外贸进出口总额实现 267.2 亿元，30 多年间增长了 200 多倍。向东开放的成功尝试，促使吉林省开始了向南、向北开放的探索。向南，以通化国际内陆港为平台，对接丹东港、大连港、营口港，融入环渤海经济圈；向北，开通了“长满欧”货运班列，架起了亚欧大陆通商的新桥梁。向东、向南两个方向均为“借港出海”，实现了吉林省近海不靠海，加入国际大循环，“奔向海洋”的百年夙愿。区域开放发展战略的成功实践，促使吉林省加快全省开放发展的崭新布局。吉林省于 2019 年 1 月出台的“一主六双”产业空间布局中将吉林省开放发展谋划为“双带”“双通道”。“双带”，即“沿边开发开放经济带”和“沿中蒙俄开发开放经济带”；“双通道”，即长白通（丹）大通道和“长吉珲大通道”。吉林省委十一届九次全会将“一主六双”产业空间布局跃升为全面实施“一主六双”高质量发展战略。开放发展中将“沿边开发开放经济带”与“沿中蒙俄开发开放经济带”升级为“大图们江开发开放经济带”和“中西部粮食安全产业带”。原有“双通道”形象化为“白松长通至辽宁（丹东港、营口港、大连港）大通道”和“长吉珲大通道”，形成“人”字形“双通道”。

7. 兼顾内外：打造吉林开放联动的新亮点

吉林省对外开放的“外”不仅仅是国外。在国内经贸合作上，吉林省充分发挥资源禀赋、产业优势，按照中央开放合作的要求逐步增强了与京津冀协同发展、长江经济带发展、粤港澳大湾区建设等国家战略的对接。与京、津、沪等 11 个省市签订战略合作协议，加深了在汽车工业、医药健康、农特产品等领域的合作。

2023 年 3 月，25 万尾湖州大闸蟹蟹苗被投放进吉林省白山市兴隆水库杨桂珍大闸蟹养殖基地。无人自动投喂系统、物联网水质检测、气象数据检测系统陆续启用，科技赋能“南蟹北养”项目就此诞生。白山市进一步谋划将开发融合人参、五味子等当地特产的蟹美食罐装食品，让大闸蟹的附加值提高 50% 以上，同时打造大闸蟹特色旅游项目。2017 年中央出台《东北地区与东部地区部分省市对口合作工作方案》，2018 年出台《吉林省与浙江省对口合作实施方案》。对口合作政策指引，有效推动吉林资源对接浙江资本、吉林产品对接浙江市场、吉林制造对接浙江智造、吉林科技对接浙江应用、吉林改革对接浙江经验，加快跨区域生产要素流动和产业合作。吉林省与浙江签署吉浙对口合作各级各类协议已到达 119 项，打造“一市一园区”示范平台 11 个。

为促进东北地区一体化发展，吉林省积极推进建设东北区域性共同市场和基础设施互联互通。推动中部地区与黑龙江合作共建哈长城市群和哈长一体化发展示范区，推进东部通化、白山、延边地区与黑龙江、辽宁合作共建东北东部绿色经济带，推进西部松原、白城地区与黑龙江、辽宁、内蒙古合作共建东北地区西部生态经济带。2023 年 2 月，国家发展改革委地区经济司发布《关于对拟设立承接产业转移示范区进行公示的通知》，拟在吉林省四平市、辽源市、通化市设立吉西南承接产业转移示范区。承接产业转移示范区的建设释放出国家对东北振兴通盘布局区域经济协调发展，强化产业经济的高层指引。在此之前，辽西北承接产业转移示范区的提出已在东北掀起承接产业转移的热潮。吉西南承接产业转移示范区源自多年政策优化推进发展合作。

吉林省建有各类型口岸 21 个，能够有效满足各种贸易类型。口岸优势奠定了对外开放的基础。吉林作为国家安全的战略纵深要地，必须肩负起我国向北开放重任。2023 年 3 月，习近平总书记对俄罗斯进行国事访问，签署了 2030 年前中俄经济合作重点方向发展规划联合声明，明确未来在 8 个方面开展双边合作，强调发展中俄“东北 – 远东”合作地区互利合作。这是吉林省开放发展历史性的发展机遇。吉林省已经开启推进对俄合作，在服务国家对俄合作大局中体现吉林担当、吉林作为。2022 年，吉林省对俄进出口实现 173.3 亿元，增长 65%，高出全国 35.7 个百分点，规模创历史新高。俄罗斯已成为吉林省第二大贸易伙伴。[①]

（三）结语

党的十八大以来，习近平总书记关于对外开放作出了一系列重要论述："中国开放的大门只会越来越大"，"世界经济开放则兴，封闭则衰"，"中国推动更高水平开放的脚步不会停滞"，"要不断扩大高水平对外开放，深度参与全球产业分工和合作，用好国内国际两种资源，拓展中国式现代化的发展空间"。2015 年 7 月习近平总书记在吉林调研时强调，"提高对外开放水平、参与国际产能合作"。2021 年 7 月习近平总书记再次视察吉林，提出："要积极参与共建'一带一路'，打造好我国向北开放的重要窗口和东北亚地区合作中心枢纽，推进与京津冀协同发展等重大区域发展战略对接合作。"2023 年 9 月习近平总书记在新时代推动东北全面振兴座谈会上明确东北开放发展的站位是"我国向北开放的重要窗口"。进

① 郭佳：《吉林对俄贸易规模创新高　强劲增势持续保持》，中国新闻网，http://www.chinanews.com/cj/2023/03-28/9980197.shtml。

沈白高铁开工建设（于广泽 摄）

一步强调：“在畅通国内大循环、联通国内国际双循环中发挥更大作用。要系统布局建设东北现代基础设施体系，加快论证和建设油气管道、高铁网和铁路网、新型电网和电力外送通道、新一代移动通信和数据网，加强同京津冀协同发展、长江经济带发展、长三角一体化发展、粤港澳大湾区建设、西部大开发等国家重大战略的对接，促进东北更好融入全国统一大市场。稳步扩大规则、规制、管理、标准等制度型开放。提高口岸通关能力和便利化程度。”吉林省一直谨记中央对吉林开放发展的嘱托，未来必将通过基础设施互联互通，产业平台的做大做强加速资源要素集聚，从而带来贸易投资合作水平的提高以及跨区域创新协同。

目前，吉林省已将未来开放发展的主要目标按照中国式现代化目标任务梳理为：到 2025 年，开放合作重点布局基本形成，与国家重大区域发展战略实现全方位对接，构建多点支撑、多业并举、多元发展的全产业链产业新格局。长吉图开发开放先导区建设取得突破性进展，长春新区、中韩（长春）国际合作示范区、珲春海洋经济发展示范区等平台成为深度融入国内大市场和有效吸引全球资源要素的开放合作载体。到 2030 年，开放合作重点布局更加完善合理，努力实现“建链、延链、强链、补链、扩链”的发展目标，形成以需求牵引供给、以供给创造需求的更高水平动态平衡。到 2035 年，全面建成与基本实现社会主义现代化相适应的开放合作重点布局，全方位对外开放格局更加完善，开放发展优势进一步彰显。融入国内大市场更加紧密，在国家发展大局中的战略地位更加巩固。图们江区域国际合作取得重大突破，推进“一带一路”倡议在东北亚地区务实落地，长吉图开发开放先导区成为图们江地区经济发展的优势区域。

面对发展目标，2023 年 4 月吉林省召开首届开放发展大会，下发吉林省推进高水平开放“1+5”支持政策和行动方案。其中，1 项支持政策，即《吉林省推进高水平开放支持政策》；5 项行动方案，即《吉林省推进高水平开放通道畅通行动方案》《吉林省推进高水平开放平台升级行动方案》《吉林省推进高水平开放投资贸易促进行动方案》《吉林省推进高水平开放多元合作拓展行动方案》《吉林省推进高水平开放人文交流深化行动方案》。该支持政策和行动方案提出 27 项开放政策，部署了 105 项具体举措，为健全开放型经济新体制作出了贸易投资自由化便利化、通关便利化改革、规范项目和境外投资管理等方面的准备。

2023 年 7 月吉林省委十二届三次全会顺利召开，审议通过的《中共吉林省委关于学思践悟习近平新时代中国特色社会主义思想　全面深化改革扩大高水平开放的决定》进一步在兼顾对内合作对外开放，加快服务和融入新发展格局上做文章，作出了“互联互通水平的提升，畅通‘丝路吉林’的新通道；贸易规模质量的提升，培育外贸发展的新动能；多元合作的提升，拓宽招商引资的新路径；开放平台能级的提升，打造一批开放合作的新载体；集聚人气能力的提升，促进人文交流深入互动”五方面的战略部署，为吉林省奋力推进全方位高水平开放指明了方向和路径，为吉林全面振兴注入开放动能。

二、民族团结进步守好“北国边疆”

（一）引言

我国是一个历史悠久、统一的多民族国家。习近平总书记强调，“实现中华民族伟大复兴的中国梦，就要以铸牢中华民族共同体意识为主线，把民族团结进步事业作为基础性事业抓紧抓好”①。民族团结是各族人民的生命线，要实现中华民族伟大复兴和全面建成中国式现代化道路就要汇聚起各民族共同力量。

延边是全国唯一的朝鲜族自治州和最大的朝鲜族聚居地，既是边疆民族地区，也是革命老区，下辖8个县（市），总人口207万人，生活着汉族、朝鲜族、满族、回族等40余个民族，其中朝鲜族74.2万人，占总人口数的35.8%。各民族在延边这片土地上交错杂居、深度融合。建州70多年来，在党的领导和关怀下，在党的民族政策光辉照耀下，全州各族人民团结奋斗，实现了从贫穷落后到繁荣振兴、从偏远封闭到开放前沿、从温饱不足到全面小康的历史性跨越，推动少数民族面貌、民族地区面貌、民族关系面貌发生了翻天覆地的历史性巨变。特别是党的十八大以来，延边始终以习近平总书记关于加强和改进民族工作的重要思想为指导，以铸牢中华民族共同体意识为主线，牢牢把握共同团结

① 习近平:《在全国民族团结进步表彰大会上的讲话》，人民出版社2019年版，第7页。

奋斗、共同繁荣发展主题，不断推进经济社会发展、构筑共有精神家园、坚持和完善民族区域自治，谱写了延边民族团结和睦、社会和谐稳定、边疆稳固安宁的时代乐章。

和龙市光东村稻田风光（中共延边州委办公室供图）

（二）绘就民族团结同心圆

长白山巍峨雄奇，图们江滚滚奔流。地处祖国东北边疆的延边，始终以发展促团结、以文化兴团结、以制度保团结，绘就了各民族团结的最大同心圆。

1. 始终把经济发展作为促进民族团结的金钥匙，形成凝心聚力奋斗的生动局面

延边坚持把发展特别是经济发展作为第一要务。经过多年努力，延边城乡面貌日新月异，高铁横跨五个县市，县县通高速公路，村村通硬化路，经济社

会发展综合指标走在全国 30 个自治州前列，形成了以发展促团结、以团结保障发展的良好局面。

（1）脱贫攻坚，各民族全体过上小康生活

2015 年 7 月，习近平总书记来到延边，与和龙市东城镇光东村的百姓话起家常，看到还有很多人生活在贫困线以下，他关切地指出："我们正在为全面建成小康社会而努力，全面小康一个也不能少，哪个少数民族也不能少，大家要过上全面小康的生活。"光东村的情况也是延边很多贫困村的缩影，大部分年轻人都选择外出务工，村里剩下的都是老年人，劳动力少、基础设施薄弱、村集体经济发展缓慢、农产品附加值低、旅游民宿规模小、农民增收致富渠道窄，收入主要依靠传统种植业。全村贫困户 77 户，贫困人口 127 人。

在了解了村里情况后，习近平总书记提出几点建议："粮食也要打出品牌""要来个'厕所革命'，让农村群众用上卫生的厕所""让农民的钱袋子鼓起来"……自此之后的五年，遵照习近平总书记的嘱托，在精准脱贫的政策指引之下，光东村实现了翻天覆地的变化。村里依托产业项目，积极开展有机稻米种植，打造了吗西达等品牌；创新谋划实施了共享稻田项目，提供全套"私人定制"绿色稻米种植服务，拓宽销售渠道，一定程度上解决了农产品难卖问题；将绿色主导产业与休闲旅游农业、民族文化特色相融合，积极发展农业观光、民族特色餐饮、农家乐等旅游项目，探索出"企业 + 村集体 + 村民"的运营模式，以乡村旅游为统领，形成"旅游 + 文化、旅游 + 研学、旅游 + 民宿"的全域旅游发展格局。除了项目发展得风生水起，各类基础设施建设也热火朝天，旅客服务中心、老年活动中心、水稻观光园、文化广场等接连拔地而起。乡村旅游的发展离不开"厕所革命"。2015 年，光东村实施农厕改造，234 户全部进行了厕所改造，家家都用上了室内卫生间、水冲厕所，还安上了热水器。

现在的光东村是产业兴旺，农民富足，环境优美，生活宜居。2022 年，村集体收入达到 125.75 万元，农民人均纯收入达到 1.8 万元，也吸引更多年轻人回到家乡奋斗。[①]光东村的蝶变也是延边脱贫攻坚的一个缩影。延边重点在“六个精准”[②]上下功夫，“七个一批”[③]上求实效，在道路保障、水利支撑、人居环境、文化服务、医疗卫生等方面抓提升，力求全面打好脱贫攻坚组合拳。通过建档立卡大数据平台建设，实现贫困户“一户一档”“一户一卡”，扶贫资源、帮扶主体与贫困村、贫困群众实现精准配置；积极谋划产业类扶贫项目，建立脱贫项目库；推进电商、光伏、旅游等扶贫新业态；围绕改水改厕、农村公路、危房改造、农田水利等基础设施，彻底改善贫困地区的生产生活条件。以村“两委”换届为契机，选拔一批想干事、能干事、干实事的农村致富带头人、复转军人、返乡创业人员和优秀大学生村官充实到村级组织，全面提升村“两委”班子脱贫攻坚的能力。

延边作为吉林省两大集中连片特困地区之一，截至2015年底还有4个国家级贫困县、1个省级贫困县和304个贫困村，农村贫困人口达85102人，贫困发生率在12.2%。经过五年的脱贫攻坚，全州各族人民连续1800多个日日夜夜的接续奋斗，实现了边疆少数民族地区所有民族一起脱贫。截至2020年，304个贫困村全部出列，5个贫困县市全部脱贫摘帽，贫困发生率降至零，困扰延边的区域性整体绝对贫困问题得到彻底解决。全州贫困群众“两不愁”[④]水平显著提升，“三保障”[⑤]突出问题全部解决。发展是解决民族地区各种问题的“钥匙”，通过脱贫攻坚，延边实现了以高质量发展促进民族团结，以各民族团结进步保

① 《吉林延边光东村：稻花香里，乡村风景变“丰景”》，吉林省人民政府网站，http://www.jl.gov.cn/szfzt/jlssxsxnyxdh/ghbt/202309/t20230904_2511783.html。

② “六个精准”：扶贫对象精准、项目安排精准、资金使用精准、措施到户精准、因村派人精准、脱贫成效精准。

③ “七个一批”：发展生产脱贫一批、易地搬迁脱贫一批、结合生态保护脱贫一批、发展教育脱贫一批、医疗保险和医疗救助脱贫一批、社会保障兜底一批、一事一议帮扶脱贫一批。

④ “两不愁”：不愁吃、不愁穿。

⑤ “三保障”：义务教育、基本医疗、住房安全有保障。

障高质量发展，夯实了民族团结进步的物质基础。

（2）兴边富民，各民族拓宽共同富裕之路

实施兴边富民行动，是党和国家作出的一项重要战略决策，是新时期加强民族工作和边境治理的重要举措。在我国2.2万多千米的陆地边界线中，有1.9万千米在民族地区；实施兴边富民行动的140个陆地边境县中，111个属于民族自治地方。因此，习近平总书记提出“治国必治边”的重要论述。延边地处祖国东北角，与俄罗斯、朝鲜相邻，有五个县市位于祖国的边境线上，数百个边境村屯。全力实施兴边富民行动是延边在中国式现代化进程中的重大战略举措，一方面能够实现维护国家安全、边疆稳定的目标，另一方面也能够缩小各民族经济社会发展之间的差距，促进各族群众共同富裕，为民族地区的发展注入新的动能。

延边通过一系列举措，打造了延边新时代兴边富民的特色品牌。一是党建引领，持续擦亮千里边关党旗红品牌。选优建强村两委班子，推动边境村党支部达到三星级及以上标准，全部完成村部社区化改造。深入开展“万企兴万村”“民企进边疆延边行”活动。二是产业带动，推动各类资源要素向边境村倾斜转移。自2021年起，延边每年设立9500万元边境产业振兴发展扶持引导资金，重点支持边境地区大力发展现代种植养殖业、林下产业、边境旅游等富民产业。发挥延边全国十大网红打卡地优势，将域内景区、景点穿点连线，集中力量打造图们百年风情、龙井三合望江、和龙红旗河军舰山、安图奶头山等11个抵边特色旅游产业园，开发旅游线路11条。依托政策优势，大力发展服装加工、海产品加工和跨境电商等产业，推动互市贸易进口商品落地、加工业集聚发展。三是宜居支撑，打造宜居宜业和美家园。优先推进边境村供水和污水处理设施建设。建成农村社会福利服务中心12所、民办养老机构13家，边民补贴实现每人每年3000元边民补贴和每人每年200元养老补贴。

通过以上这些特色举措，不仅实现了边疆党联系群众的桥梁和纽带作用进一步增强，而且边境村和边民的面貌发生了巨大的变化。道路硬化率、通达率达到 100%，互联网、移动通信实现"村村通"；乡村绿化美化亮化水平极大提高；教育、医疗、养老、文化等公共服务水平得到大幅提升；边民社会保障标准进一步提升；边民百姓的经济收入增加、村集体经济实力不断壮大，探索出多种农民增收、农业发展的模式，探索出村企合作共建、发展订单农业、农村宅基地盘活利用、农户（村集体）入股经营等多种联合模式。边境线上的好山好水好资源发挥出乘数效应，实现了产业发展有势头、农民生活有甜头、兴边富民有奔头。既提高边民百姓的幸福感，又有利于稳边固边。共同团结奋斗、共同繁荣发展是延边各族群众的心之所系、情之所依。得益于兴边富民行动，进一步拓宽了共同富裕之路，缩小了各族群众生活上的差距，增进了各族群众的感情，促进了民族团结。

（3）开发开放，各民族共同迈向现代化

延边地处东北亚的地理几何中心，拥有绝佳的地理区位优势。以珲春为中心 200 千米范围内，分布着俄、朝 10 余个优良港口，很多都是天然不冻港。珲春拥有珲春口岸、珲春铁路口岸、圈河口岸、沙坨子口岸 4 个国家级口岸。位于长吉图开发开放先导区核心地带的延边，以开发开放为延边经济社会发展的重要支撑和实现现代化国际化的必由之路，主动融入国家"一带一路"建设。持续深化开发开放，以此来打通国内国际大循环。作为东北亚的几何中心，开发开放一方面是加强我国与东北亚各国和地区合作的重要平台，另一方面也是确保我国东北边境和国土安全的重要屏障。

近年来，依托国家政策和区位优势，延边持续在开发开放的通道、平台和驱动能上下功夫。一是畅通开发开放大通道，打通陆海空多种联运模式。珲春开通内贸货物跨境运输"借港出海"的业务模式，也就是货物由关境内口岸运至境外海港，再从境外运至关境内另一口岸。近年来，珲春以各铁路、公路口岸为重要支撑，着力开拓发展空间，创新"借港出海、陆海联运"发展模式，构筑起了连通东北亚各国的多条航线。目前，珲春有多条经俄罗斯港口至宁波、上海等地的内贸外运航线，成为连通东北亚各国的黄金通道。二是建设开发开放大平台，持续满足开发开放的需求。从 1992 年国务院批准设立珲春边境经济合作区，到 2005 年珲春中俄互市贸易区正式启动运营，再到 2012 年中国图们江区域（珲春）国际合作示范区成立、2019 年珲春综合保税区成立，直至 2020 年国家同意设立珲春海洋经济发展示范区，对外合作平台不断发展壮大，延边作为全省乃至全国“窗口”和“前沿”的功能作用不断显现。三是赋予开发开放双动能，打造跨境电商、互市贸易“两大法宝”。近两年，俄罗斯的消费者爱上了网购中国商品，特别是在“双十一”等购物节，纷纷开启“买买买”模式——在跨境电商平台一键下单后，货物会从我国各地第一时间运至珲春。在珲春保税区经过出关查验发往俄罗斯。2020 年珲春开通珲春至莫斯科 TIR 业

珲春口岸（石雷 摄）

务，极大缩短了货物到达俄罗斯一线城市的时间。同年，珲春市获批边民互市贸易进口商品落地加工试点城市。2022 年，珲春跨境电商进出口贸易额突破 20 亿元。区域地理优势叠加政策优势，珲春海产品加工业迎来历史新机遇。珲春生产的海产品远销韩国、日本及欧盟、东南亚等国家和地区。目前，总投资 4 亿多元、占地近 7 万平方米的珲春互市贸易进口商品落地加工产业园正在加快建设，已有涉及海产品加工、农产品加工等 8 家企业签订入驻协议。

开发开放，合作共赢。经过数十年的发展，珲春边境经济合作区、珲春综合保税区成为珲春经济发展的主战场、招商引资的主力军和项目建设的主阵地，形成海产品加工、木制品加工、跨境电商三足鼎立的产业发展格局，成为吉林省对外贸易的重要平台和主要增长点之一。珲春海洋经济发展示范区也将进一步打造成为图们江区域海洋产业集聚中心、港航物流集散中心、临港产业制造中心、跨境国际贸易中心和对外开放合作中心。珲春的发展也将延边的开发开放推向新发展阶段。近五年来，延边的国际贸易伙伴扩展到 114 个国家和地区，进出口商品达到 15 大类 160 多种。这些成绩的取得，离不开一个个开发开放通道、平台的高效运行。延边 2022 年全年货物进出口总额 267.2 亿元，比上年增长 75.4%，正发展成为长吉图开发开放先导区的桥头堡、东北地区新的重要经济增长极，肩负着新时代开发开放新使命。

通过脱贫攻坚、兴边富民、开发开放举措延边实现了跨越式发展，更加深刻地认识到发展是解决民族地区一切问题的总钥匙，也是增强中华民族共同体意识的动力源。延边在发展方面所取得的成就让中华民族共同体在延边坚不可摧、牢不可破，打牢了民族团结的物质基础。

2. 始终把中华文化作为促进民族团结的情感纽带，构筑中华民族共有精神家园

“中华儿女同根同源，各族兄弟姐妹相亲相爱……”延吉市北山街道丹英社

区活动室里热闹非凡，各族居民欢聚一堂、载歌载舞，共唱原创歌曲《中华民族一家亲》。丹英社区拥有汉族、朝鲜族、回族、满族、藏族、瑶族、锡伯族、景颇族、蒙古族 9 个民族，少数民族人口占总人口的 62%。丹英社区各族群众不仅“同唱一首歌、同跳一支舞”，社区里还经常开展各式各样的文化活动。多年来，延边始终以文化浸润民族团结，不断坚定各族群众对中华文化的高度认同，全面推进中华民族共有精神家园建设。

（1）赓续基因血脉，讲好红色故事

红色，是延边最厚重的底色，这里是我们党最早建立党组织的边境民族地区之一。“山山金达莱，村村烈士碑”是诗人贺敬之在延边写下的诗句，生动地概括了延边的红色精神。延边各族儿女在抗日战争、解放战争、抗美援朝战争中奋不顾身，用生命和鲜血共同书写了各民族“休戚与共、荣辱与共、生死与共、命运与共”的英雄史诗，中华民族共同体意识在战火的洗礼中不断增强。党的十八大以来，延边持续发挥红色基因对民族团结进步的促进作用，讲好延边的红色故事，让红色基因血脉在延边大地代代相传。

走进延吉市的太兴红色小镇，巨幅党旗雕塑屹立广场中央，青瓦白墙的传统民居错落有致，一面面鲜艳的红旗迎风招展。每一户庭院都是亮丽风景，每一段史实都在催人奋进。浓郁的民族文化与厚重的红色文化相结合，让太兴村变成了远近闻名的网红打卡地。太兴村红色资源丰富，抗日战争时期是中共东满特委和中共延吉县委的所在地，村里至今矗立着为抗美援朝战争中牺牲的 30 多名英雄建立的纪念碑。太兴红色小镇的讲解员用红色故事叙说着延边的历史，吸引着一批批参观者来到这里，重温革命斗争历史，接受红色文化洗礼。

2019 年 9 月，习近平总书记在全国民族团结进步表彰大会上指出：“一部中国史，就是一部各民族交融汇聚成多元一体中华民族的历史，就是各民族共同缔造、发展、巩固统一的伟大祖国的历史。”在延边还有很多像太兴小镇这样的地方：汪清县大兴沟镇红日村、安图县二道白河镇奶头山村、敦化市江源镇寒葱岭林场……它们都是延边的党史学习教育红色基地。延边通过深入挖掘、整理红色资源，建设红色展馆，在主题宣传广场等阵地融入红色教育元素，深入实施红色基因传承工程。汪清县建设了吉林省汪清爱国主义教育中心，以各族群众在民族独立和解放过程中团结一心、浴血奋战的先进事迹诠释“四个与共”的共同体理念。这些革命年代的历史遗迹，成为传承红色基因的重要载体。这些红色故事、红色展馆，唤起各族群众曾经共同书写历史、共同保卫和开创美好家园的记忆，共同传承红色血脉，铸牢中华民族共同体意识。

（2）保护非遗项目，传好民族技艺

在各民族长期交往交流交融中，延边创造了底蕴丰厚、特色鲜明的地域文化，传承发展了朝鲜族农乐舞、满族剪纸等一大批非遗项目。目前延边共有世界级非遗项目 1 项、国家级非遗项目 19 项、省级非遗项目 90 项和州级非遗项目 141 项。这些文化遗产是中华优秀传统文化的重要组成部分，是延边各族人民精神和智慧的结晶，展示着延边人民共有的精神家园。党的十八大以来，我国对非物质文化遗产的保护和传承非常重视，习近平总书记多次为非遗项目点赞。

这些年来，延边对非遗相关工作极为关注。既要传承和保护好非遗，也要创新和发展好非遗，保护和突出这些中华形象和符号。目前全州非遗资源的总量、分布情况及濒危状况已基本摸清，那些深藏在民间的非遗项目发生了很多积极的变化，一大批极有历史价值但亟待保护的资料和实物得到了抢救和保护。特别是对代表性传承人的支持、培育，成为延边非遗保护传承的亮点工作。非遗进校园，让学生在认识非遗、学习非遗技艺中体验中华优秀传统文化的魅力，进一步激发青少年弘扬中华文化的热情，不断促进非遗保护传承。非遗走进生活，让大众了解非遗。每年的文化遗产日，全州都会搭建舞台让各族群众欣赏到延边非遗之美，也为非遗传承提供更加广阔的空间。春风化雨，润物无声。延边非遗正以各族群众喜闻乐见的方式丰富着人们的精神文化生活，为构筑中华民族共有精神家园发挥着积极作用。非遗承载着中华民族的基因和血脉，不仅浸润着我们这一代人，也属于子孙万代。延边州各族人民坚定文化自信，用心用力用情，使非遗在创新交融中绽放出更加迷人的光彩，为民族团结厚植文化力量。

（3）实行文化惠民，唱好文艺之歌

文化是一个民族的魂魄，文化认同是民族团结的根脉。公共文化服务是以文化惠民为载体，以满足人民的文化需求为目的，以提升各族人民文化自觉和文化自信为终极目标。多年来，延边以文化为民、文化惠民、文化乐民为理念，持续提升公共文化服务能力和水平，不断满足各族群众的精神文化需求。

吉林省群众文化赛事活动（吉林省文化馆供图）

一是推动公共文化服务全覆盖。图书馆、文化馆、博物馆等公共文化设施均实行免费开放，乡镇综合文化站、农村文化小广场、社区书屋等文化阵地不断覆盖城市和农村各个角落。在安图县石门镇茶条村农家书屋，书架上摆放着

1700余册各类图书，内容广泛多样，包括文学、艺术、农技等。村民们在茶余饭后就会来到书屋，看书学习，既能掌握专业技能，又能丰富文化生活。2012年以来，安图县农家书屋已在180个行政村落地，各个书屋藏书也增至1000余册。二是公共文化基础设施日臻完善。近年来，新建、扩建、改建了一大批文化场馆，形成了较为完善的四级公共文化设施网络。公共数字文化建设提档升级，全州文图两馆均已建成可提供数字文化服务的网站。三是各类公共文化活动蓬勃发展。招募培育文化志愿者1万余人，并坚持开展文艺辅导、讲座培训等文化志愿服务以及“春雨工程”延边文化志愿者边疆行活动。打造中国朝鲜族民俗文化旅游节、图们江文化旅游节、中国朝鲜族农乐舞大赛等特色品牌文化活动，每年举办各类群众文化活动3000余场次。在延边有这样一支极具特色的文艺志愿活动品牌——“金达莱红”，由广大文艺工作者组建的文艺志愿服务小分队，深入到乡村、社区、工厂、校园、军营，开展了形式多样的文艺志愿服务活动，为群众送去有高度、有温度、有质量的丰富多彩的文艺作品。近两年来这支文艺志愿服务队伍共开展活动30多次，参与艺术家近1200人次，服务对象近4万人，赠送作品总计1.9万余件。[①]延边新时代“金达莱红”文艺志愿服务活动被评为全国最美文艺志愿服务项目。在敦化市翰章红军小学，“金达莱红”文艺志愿者、戏曲家协会副主席姚延飞为小学生们介绍了京剧有关知识，现场指导学生们观摩、学习京剧《红色娘子军》选段，鼓励小学生学好京剧，传承好中华优秀传统文化。

“触手可及的公共文化服务圈”在延边遍地开花，将百姓的文化生活打扮得五光十色，让人民群众的获得感、幸福感倍增。延边以红色革命文化浸润各族群众、以民族特色的非遗文化感染各族群众、以优质的公共文化服务惠及各族

---

① 《延边州七大工程为边疆文化繁荣插上腾飞的翅膀》，澎湃新闻，http://www.thepaper.cn/newsDetail_forward_8204437。

群众，弘扬了中华优秀传统文化、革命文化和社会主义先进文化，推动了各族群众对中华文化的高度认同，筑牢了民族团结进步的文化基础。

3. 始终把民族区域自治制度作为促进民族团结的安全保障，维护国家安全、社会安定、人民安宁

新中国成立后，确立了民族区域自治制度，延边开启崭新一页。1952 年 9 月，延边朝鲜族自治区正式成立，成为我国最早实行民族区域自治地方之一。1955 年 12 月，改称为延边朝鲜族自治州。延边作为自治州成立后的近 70 年中，

金秋的吉林大地（高鹏飞 摄）

逐渐形成了民族团结的光荣传统。各族人民安居乐业、社会安定祥和、边疆稳定安全都离不开民族区域自治这项基本政治制度。

（1）坚持党对民族区域自治的全面领导

坚持党对民族区域自治的全面领导，是新时代坚持和完善民族区域自治制度的关键所在。党是最高政治领导力量，党的领导是历史的选择、人民的选择，是长期革命、建设、改革过程中各族人民达成的共识。因此在实行民族区域自治的过程中，必须加强和完善党对民族工作的领导。在确立民族区域自治后，延边始终坚持"抓好民族团结是本职、不重视民族团结是失职，不会抓、抓不

好民族团结是不称职”，并将民族区域自治这项政治制度作为民族团结的安全保障。

一直以来，延边始终坚持党对民族区域自治的全面领导。一是强化思想引领。进一步加强对习近平总书记关于民族工作特别是关于民族区域自治重要论述的学习和宣传，并将此学习作为首要政治任务。将中央民族工作会议精神、党的民族理论政策、铸牢中华民族共同体意识等纳入干部教育培训范围和各级党校培训课程。将铸牢中华民族共同体意识学习专题列为县级党委理论学习中心组学习计划，组织开展基层送课巡讲5000多场。召开州委理论学习中心组扩大学习会，邀请国家民委领导专题辅导中央民族工作会议精神，受众人数达千人以上。二是完善民族工作体制机制，严格落实民族工作主体责任。专门成立了民族工作领导小组，明确新时代党的民族工作高质量发展的指导思想和实践要求。建立党建工作目标管理考核机制，将抓党建促铸牢中华民族共同体意识纳入考核内容，同时将铸牢中华民族共同体意识纳入各级领导班子和领导干部政治考察、政绩考核。完善了民族工作协调联络机制，明确工作职责，组织开展了民族工作落实情况检查，构建了新时代党的民族工作领导格局。三是坚持大抓基层的鲜明导向。首先是聚焦头雁工程，选优配强基层党组织带头人。其次是突出优育工程，提升农村党组织战斗力，常态化开展“五星级”乡村党组织创建工作。最后是紧扣民生工程，引导党员干部下沉社区双报到。着眼促进各民族交往交流交融，组织机关单位在职党员常态化下沉社区，组建了1000余支下沉党员志愿者服务队，年度开展共建活动上万次。

通过多年努力，延边不断强化组织的引领作用，提高各级干部思想认识，特别是注意将习近平总书记关于加强和改进民族工作的重要思想、中央民族工作会议精神、铸牢中华民族共同体意识内化于心、外化于行。把民族工作作为“一把手”工程来推动，压实各级各部门“管行业就要管民族工作”的职责。基层党组织成为促进乡村振兴、推动基层治理、加强民族团结和安边固边兴边的坚强战斗堡垒。70余年的实践证明，党领导的民族区域自治，是符合我国国情和实际的。只有在党的领导下，各族人民才能真正当家成为主人，才能共同创造美好生活。

（2）提升民族区域自治的法治化水平

法治是我们党治国理政的基本方式，依法治理民族事务是党的民族工作的一条基本经验。只有坚持在法治轨道上处理民族事务，把团结统一作为国家最高利益、作为各族人民共同利益，从国家治理、社会治理全局出发谋划和推动民族事务治理，才能保证各族群众生产生活既生机勃勃又井然有序。

延边通过多年探索，不断提升民族区域自治的法治化水平。首先是积极完善民族政策法规评估机制，在制定涉及民族工作的法规规章、重要决策和重大举措时，列入合法性审核事项。不断强化立法管理，在修订自治州自治条例等单行条例工作中，严格遵从立法程序，明确了坚持依法修法和实事求是的原则，确保同宪法规定、党中央有关决策部署精神相符合。广泛征求意见建议，确保辖区各族公民享有同等的法律地位，享受同等权利、履行同等义务，平等参与本地区各项事务。最新修订的《延边朝鲜族自治州自治条例》已于2023年4月20日颁布实施。其次是坚持把贯彻《中华人民共和国民族区域自治法》与延边实际相结合，先后颁布实施单行条例43部，出台决议和决定120余个，在扶持民贸民品企业发展、传承民族优秀文化、发展教育等方面作出了一系列具体规定。[①]坚持与时俱进、稳慎并重的原则对2014年以来出台的关于加强和改进民族工作的党内规范性文件进行集中清理，废止2件，失效3件，修改9件。最后是不断提高依法治理民族事务能力，建立高位推动、预警研判、联动协作、打击惩处"四项机制"，筑牢高等院校、城市社区和基层农村"三道防线"，全力维护国家统一、民族团结。坚持以网格化、社会化服务为方向，将发现问题、

① 《延边：绘就民族团结同心圆》，《吉林日报》2021年11月4日。

化解矛盾、依法管理的触角延伸到最基层，推进城乡社区民族事务治理制度化、规范化、程序化、常态化。切实加大普法宣传力度，严格落实“谁普法谁执法”普法责任制，将宪法、习近平法治思想纳入全州普法依法治理工作要点，扩大法治文化阵地覆盖面，建设法治文化公园、宣传长廊、读书角等阵地，培育省级民族宗教普法基地，深入推进公共法律服务体系建设，认真开展村居法律顾问工作，实现“一村一法律顾问”全覆盖。

在立法方面，实现了统筹推进各民族共同发展，保障发展成果公平惠及各族人民。做到统一和自治、民族因素和区域因素相结合，切实保障各族人民享有同等法律地位，平等参与各项事务，民族事务治理在法治轨道上运行。在清理修正地方法规条例方面，增强了地方法规规章体系的及时性、系统性、针对性、有效性，全方位保障“模范自治州”建设。在依法保障各族群众合法权益方面，延边荣获2017—2020年度首届平安中国建设示范市称号，捧得平安中国建设最高荣誉“长安杯”，2021年以来延边未发生涉民族因素的案件。通过从制度、政策、法律三个层面正确坚持和完善民族区域自治，延边牢牢地维护了国家安全、社会安定、人民安宁，夯实了民族团结进步的制度基础。

（三）结语

70余年风雨同舟、硕果累累，70余年和衷共济、铸就辉煌。延边民族团结进步事业的生动实践充分证明：

只有毫不动摇坚持党对民族工作的全面领导，深入贯彻习近平总书记关于加强和改进民族工作的重要思想，才能把新时代延边民族团结进步事业不断推向前进。

只有毫不动摇坚持以铸牢中华民族共同体意识为主线，教育各族人民牢固树立“四个与共”的共同体理念，才能凝聚起各族干部群众加快推动延边民族工作高质量发展的磅礴力量。

只有毫不动摇坚持高举中华民族大团结旗帜，引导全州各族群众更加自觉地把维护中华民族根本利益放在第一位，在实现好中华民族共同体整体利益进程中实现好各民族具体利益，才能持续巩固和发展平等团结互助和谐的社会主义民族关系。

只有毫不动摇坚持以各族人民对美好生活的向往为目标，聚精会神推动经济社会加快发展，让各族群众共享改革发展成果，才能实现共同富裕的美好愿景。

只有毫不动摇坚持民族区域自治制度，依法保障各族群众享受平等权利、履行平等义务，才能汇聚起全州各族群众克难奋进、砥砺前行的强大合力。

事成于和睦，力生于团结。当前世界百年未有之大变局加速演进，世界之变、时代之变、历史之变的特征更加明显。处在“两个一百年”历史交汇点，置身“两个大局”时代洪流中，延边各族儿女将更加紧密地团结在以习近平同志为核心的党中央周围，在习近平新时代中国特色社会主义思想指引下，牢记总书记视察吉林视察延边时强调的“加强民族团结，加快民族地区发展，巩固民族团结进步的良好局面”的殷切期望和嘱托，深入落实省委“一主六双”高质量发展战略，大力实施“产业强州、生态立州、开放活州、团结兴州”战略，在新时代继续保持和发展“模范自治州”的光荣传统，书写铸牢中华民族共同体意识的延边新篇章。

第六章

吉人吉事
灯塔之光领航奋进之路

信仰，是弘扬铸就时代精神，提振鼓舞振兴发展士气，活跃引领人民投身建设的精神力量与精神脊梁；社区，是以“小我”成就“大我”，是依赖人民、尊重人民、发挥人民群众主体性的“最基层”，是关系千家万户生活幸福与质量的重要保障。白山松水间，闪烁着无数革命志士和奋斗者的身影，谱写着波澜壮阔的革命历程与奋斗历程：从东北抗联到解放战争，从新中国成立到新时代新篇章，不屈不挠、坚韧执着、勇于创造的吉林精神在这片黑土地上依旧闪耀着光辉；也有着一大批在基层默默无闻，却撑起人民生活“半边天”的基层工作者，他们坚守一线、服务一线、奉献一线，让人民有所敬、有所依、有所盼，党建引领凝聚人心、红色堡垒振奋人心、为民情怀温暖人心。积极向上的吉林精神，正引领千百万吉林儿女砥砺前行、自强不息、进而有为。

一、“三地三摇篮”：用红色精神引领现代化新征程

（一）引言

吉林，一片被无数革命志士的鲜血浸染过、被无数奋斗者的汗水浇灌过的土地，红色是它最厚重的底色。从长白山之巅到松花江畔，吉林这片黑土地上宝贵的红色资源，承载着永不褪色的红色记忆。百年征程波澜壮阔，初心使命

塔子山宣誓广场（魏小琪 摄）

历久弥坚，吉林在浩荡的历史洪流中写下了浓墨重彩的不朽篇章。循着浩瀚历史的悠长轨迹，找寻最为光辉闪烁的精神标签，“三地三摇篮”浓缩了几代吉林人民接续奋斗的永恒篇章，穿越纵向时空，依旧引领当下吉林现代化的宏阔征程。

吉林省光辉的革命历程熔铸了不朽的精神旗帜，从东北抗联到解放战争，再到抗美援朝，每一段峥嵘岁月里都有吉林人民的身影。习近平总书记说过，“吉林有着光荣的革命传统”。吉林是东北抗日联军的创建地。九一八事变后，不愿做亡国奴的东北人民掀起波澜壮阔的抗日斗争，为抗日战争的胜利作出了重大历史贡献。吉林是东北解放战争的发起地。在解放战争时期，“三下江南”“四保临江”，党领导人民军队在这里奏响一曲曲胜利凯歌。吉林是抗美援朝的后援地。在这里中国人民志愿军雄赳赳气昂昂跨过鸭绿江，保家卫国，打出国威，为新中国赢得宝贵的和平时光，让中国屹立于世界民族之林。创建地、发起地、后援地，都无疑标定了吉林人民抱定如一的革命气节，而这种英勇无畏的革命精魂随着时代的变迁，乘着改革大潮的翻涌，与吉林在数十年发展中的翻天巨变悄然融合在一起，已然蜕变为富有时代气息的新气象、新标识。在中国共产党的领导下，中国从积贫积弱一无所有到如今繁荣昌盛势不可当，吉林作出了杰出的贡献。吉林是新中国汽车工业的摇篮，新中国第一辆国产汽车在这里诞生，圆了中华儿女长久以来的汽车梦。吉林是新中国电影事业的摇篮，长影在这里创建，生根发芽，让中国电影枝繁叶茂。吉林是中国人民航空事业的摇篮，人民军队第一所航校在这里建立，中国人民的航空梦从此刻开始起飞。汽车工业、电影事业、航空事业，在新中国渐进发展的波涛浪潮中，吉林人民用历久弥新的奋斗朝气诠释了勇立时代潮头的一首首凯歌。

当下，吉林正值全面振兴的关键时期，放眼 2035 年基本实现现代化的战略目标，必须以一往无前的奋斗姿态继续推进经济社会的不断发展与进步，这就需要弘扬伟大精神、引领吉林振兴。精神的力量是无限的。习近平总书记指出：

“要把这些红色资源作为坚定理想信念、加强党性修养的生动教材，组织广大党员、干部深入学习党史、新中国史、改革开放史、社会主义发展史，教育引导广大党员、干部永葆初心、勇担使命，自觉在思想上政治上行动上同党中央保持高度一致，矢志不渝为实现中华民族伟大复兴而奋斗。”① 吉林省在革命、建设、改革及新时代复兴伟业的每一奋斗征程中，都始终紧跟时代潮流，勇于开拓进取，在开启全面建设“社会主义现代化新吉林”的伟大进程中，需要继续高擎精神旗帜，弘扬“三地三摇篮”的革命与奋斗精神，引领吉林现代化事业不断续写新的篇章。

（二）穿越百年历史长河，触摸一段段红色记忆

1. 爬冰卧雪、百折不挠——东北抗日联军创建地

九一八事变后，山河变色，国土沦丧。在民族危机面前，国民党先是命令东北军采取“不抵抗主义”，致使东北军和警察大部分不战而降，或退往关内；后又把希望寄托于“李顿调查团”，幻想利用帝国主义的争斗，达到“以夷制夷”的目的。国民党这种举止失措的政策使东北民众自发的抗日斗争处于群龙无首的境地，抗日力量受到严重的损害。在此关键时刻，中国共产党挺身而出，高瞻远瞩，制定了东北抗战的指导思想，组建东北抗日武装，成为东北抗战的中流砥柱。

1931 年 12 月，中共磐石中心县委在劳农赤卫队和特务队的基础上，组建了中国共产党领导下的第一支抗日武装——磐石赤色游击队。点点星火，凝聚起无限力量。1931 年底至 1932 年夏，多支抗日游击队诞生于吉林省，而它们也正

① 习近平：《论中国共产党历史》，中央文献出版社 2021 年版，第 161 页。

是东北抗联的前身。1934 年 2 月，在临江县三岔子城墙砬子成立了东北抗日联军总指挥部，杨靖宇担任总指挥，这是历史上第一次提出“东北抗日联军”的名称。

东北抗日联军成立后，就立即着手建立抗日游击根据地的工作，并采取机动灵活的游击战术，不断给日本侵略者以沉重打击。毛泽东同志给予了高度评价：“东三省的游击战争……在抗战起来以后，配合的意义就明显地表现出来了。那里的游击队多打死一个敌兵，多消耗一个敌弹，多钳制一个敌兵使之不能入关南下，就算对整个抗战增加了一分力量。至其给予整个敌军敌国以精神上的不利影响，给予整个我军和人民以精神上的良好影响，也是显而易见的。”①

在抗日战争中，牺牲在吉林大地上的民族英雄杨靖宇、魏拯民、童长荣、王德泰、陈翰章、曹国安、曹亚范等，犹如一颗颗璀璨的明星，照亮了黑暗的夜空，成为人们救亡图存的航灯。

2. 舍生忘死、砥砺前行——东北解放战争发起地

以现在的行政区划为标准，解放战争时期的吉林省具有独特的地理方位、历史环境、历史贡献和历史地位，既不同于黑龙江省，也不同于辽宁省。黑龙江省是完整的解放区，是后方根据地；辽宁省基本上是国统区，是国民党军进攻解放区的基地；而吉林省中部、东南部是国共双方长期鏖战的战场，东部山区和西部草原则成为前沿根据地。

1946 年 10 月，国民党军大举进攻南满根据地。12 月，中共中央东北局南满分局、南满军区在吉林省长白山区发起“四保临江”战役。1947 年 1 月，东北民主联军总部在吉林省北部平原发起“三下江南”作战，正式打响东北解放战争。经过人民军队的浴血奋战，“四保临江、三下江南”战役取得胜利，这是

① 《毛泽东选集》第二卷，人民出版社 1991 年版，第 416 页。

东北民主联军突破四平外壕，占领敌人工事（吉林杨靖宇干部学院供图）

东北民主联军在吉林省发起的东北解放战争第一次重大战役，共歼敌 4.3 万余人，收复城镇 11 座，保卫了南满，巩固了北满，扭转了东北战局，为战略反攻创造了条件。

处于战争前沿的吉林人民，在各级党组织的领导下，开展了轰轰烈烈的支前、参军运动。在吉林大地战斗的东北民主联军各支主力部队，背后都有吉林人民支前的身影，都有吉林翻身农民随时补充主力部队的感人故事。一纵、二纵、三纵、四纵、六纵、七纵、十纵、十二纵等部队都在吉林省组建或战斗过；吉林省共有包括梁士英在内的 40 多万进步青年参军，成为这些部队的钢铁战士。

3. 不畏艰苦、甘于奉献——抗美援朝后援地

新中国成立之初，百废待兴，百业待举。正当全国人民满怀热情地投入到新中国建设时，朝鲜内战爆发。1950 年 10 月初，美军不顾中国政府一再警告，悍然越过三八线，将战火烧到中朝边境。侵朝美军飞机多次轰炸中国东

北边境地区，给人民生命财产造成严重损失，我国安全面临严重威胁。危急关头，应朝鲜党和政府请求，中国党和政府作出抗美援朝、保家卫国的历史性决策。1950 年 10 月 19 日，中国人民志愿军跨过鸭绿江，赴朝作战。作为中朝边境线最长的省份，吉林省因其特殊的地理位置成为这场伟大战争的重要后援地。

在朝鲜战场上，吉林儿女的英雄故事不胜枚举，荣立特等功、获一级战斗英雄称号和获朝鲜民主主义人民共和国三级国旗勋章的郭忠田、徐长富、杨宝山，荣立特等功、获二级战斗英雄称号和获朝鲜民主主义人民共和国三级国旗勋章的关崇贵、高云和等，荣立一等功、获二级战斗英雄称号的王景洲、支全胜等都是他们中的杰出代表。据统计，在长达两年零九个月的抗美援朝战争中，共有 18499 名吉林籍指战员牺牲在朝鲜战场，他们用鲜血和生命谱写了气壮山河的英雄赞歌。

在抗美援朝期间，吉林作为中国人民志愿军的坚定后方，举全省之力服务战勤，在保障军服、军粮方面，全省先后成立了军服加工委员会、军粮加工委

辑安六叶军储站装运军用物资（吉林杨靖宇干部学院供图）

员会、炒面委员会等组织机构，派专人负责，迅速落实人员、设备、场所，及时完成任务。仅1950年8月，吉林市就先后接受加工棉大衣2.06万件、棉军衣2.25万套、棉被3.8万床、炒面90万斤、军粮9576吨的战勤任务。同月，长春市也采取动员群众带机入厂的办法，动员缝纫机3123台、随机入厂技工3123人、女工5130人，组建4个军服加工厂，接受加工棉军服4.3万套、棉大衣4.1万件、棉袜10万双、铁路员工棉大衣1万件，若干粮袋、手榴弹袋等战勤任务。[①]在开展增产捐献运动方面，全省各级党组织通过广泛生动宣传，极大地提高了人民群众的政治觉悟，激发他们的爱国热情。在工矿企业里，许多工厂的职工都提前完成了增产节约计划，捐献工资和奖金。在农村则普遍开展爱国丰产运动，农民多打粮食，开展副业生产，增加收入，用增收部分捐献。工商业者改善经营管理，踊跃捐献。机关和学校成员参加各种业余劳动，增加的收入用来捐献。到1952年4月，全省人民在爱国增产捐献计划中共计捐献710亿元（旧币），完成原计划的123%，可购买47架战斗机。在前线后方保证战勤方面，吉林省派出5.3万人赴朝参战，其中担架队员3.8万人，运输队员1732人，汽车司机1713人，翻译7235人，武工队员1080人，各种技术人员1007人，各级干部2552人，其他人员365人。在大后方吉林人民更是不辞辛苦，无私奉献，据统计，抗美援朝战争期间，通化地区组织战勤民工仅有据可查的就达81.6万人次，占当时通化全区总人口的91.99%。[②]在党的坚强领导下，吉林人民克服重重困难，经受住了战火考验，不怕牺牲、积极支前，出色地完成了各项战勤任务，为抗美援朝战争的胜利作出了重大贡献。

---

① 《雄赳赳，气昂昂，跨过鸭绿江……在这些身影的后面站着吉林这个抗美援朝战争的后援地》，中国吉林网，http://news.cnjiwang.com/jwyc/202110/3465748.html。

② 同上。

4. 艰苦创业、改革创新——新中国汽车工业的摇篮[①]

新中国成立之初，百废待兴、百业待举，党中央为了加快国民经济发展和国防建设，建立现代工业体系，集中资源建设一批重点工业项目。汽车是工业文明的标志、制造业的明珠，汽车工业对国民经济、生产制造业具有强大的拉动作用。因此，党中央把建立新中国汽车工业提上议事日程，把建设一座现代化汽车制造厂列为“一五”期间156项重点工程之一，以战天斗地的志气、骨气，创造了新中国汽车工业白手起家、奠基立业的辉煌成就。1953年，第一汽车制造厂在长春奠基兴建，并于1956年建成投产，圆了中华儿女长久以来的造车梦。1956年7月，新中国第一辆国产汽车——“解放”牌卡车成功下线，结束了新中国不能制造汽车的历史。1958年8月，新中国第一辆高级轿车——“红旗”牌轿车在一汽研制成功，成为举世闻名的中国自主汽车品牌。一汽建成投产后，不仅多快好省地为新中国建设输送了大量汽车，还为新中国汽车工业输送了宝贵经验和大批人才，当之无愧地成为新中国汽车工业的摇篮。

随着改革开放进程不断深入，为了发展壮大国民经济和满足人民对轿车的需求，党和国家决定发展民族轿车工业。1986年4月，“七五”计划第一次“把汽车制造业作为重要的支柱产业”纳入国家发展战略，为轿车工业的发展提供了政策空间。在党中央的运筹帷幄之下，我国汽车工业进入改革转型时期，开始大规模发展轿车工业。改革开放进一步解放和发展了生产力，国民经济快速发展，激活了家庭轿车消费市场，满足了人民致富奔小康的出行需求，并以快速增长的市场总量，为汽车工业提供了广阔的战略纵深。吉林省政府将一汽的15万辆轿车基地建设项目列为全省的“1号工程”，成立由省、市有关领导组成

---

① 参见《吉林省是新中国汽车工业的摇篮》，辽源·智慧党建，http://jllydj.gov.cn/szxw/20878.jhtml。

一汽生产的第一辆红旗轿车（吉林杨靖宇干部学院供图）

的建设总指挥部。按照党和国家的决策部署，在吉林省、长春市的大力支持下，一汽逐梦轿车、加速转型，自主发展、开放合作，建设了一汽轿车、一汽—大众、一汽丰田等现代化轿车工业基地，形成了商用车、乘用车并举的产品格局和国内国际的战略布局，产销规模在行业率先突破百万辆，积蓄着赶超世界先进汽车企业的力量。

中国特色社会主义进入新时代，以习近平同志为核心的党中央，统筹推进“五位一体”总体布局、协调推进“四个全面”战略布局，实现全面建成小康社会宏伟目标，开启全面建设社会主义现代化国家新征程，中华民族迎来了从站起来、富起来到强起来的伟大飞跃，为建设汽车强国提供了更为广阔的战略机遇、更为坚实的物质基础和更为主动的精神力量，中国汽车工业昂首阔步地向着世界一流目标凯歌前行。

历史证明，中国共产党领导是党和国家的根本所在、命脉所在，是全国各族人民的利益所系、命运所系，是强大中国汽车工业的根本保证、独特优势。

吉林省汽车工业所取得的一切成就，根本在于党的领导。新时代、新征程，打造世界一流汽车企业，建设世界一流国际汽车城，必须始终坚持党的全面领导、加强党的建设，坚守初心使命，坚持创新驱动、改革求变，为新时代吉林振兴增添新动力，为实现第二个百年奋斗目标再立新功。

5. 引贤育才、释放动能——新中国电影事业的摇篮

1945 年 10 月，长影的前身——东北电影公司在今天的吉林省长春市红旗街 1118 号正式宣告成立，中国共产党领导下的新中国电影波澜壮阔、无限辉煌的历程从此时开启。长影成立 4 年多以后，其整齐划一的体制便复制到北京、上海，迅速开启了三大国营电影制片厂的时代。

在新中国电影发展历程中，长影将电影人才、文化定位、电影美学范式、电影类型、管理体制、电影工业 6 类电影的种子播撒出去，在全国生根发芽，奠定了电影全链条发展的基础，让中国电影枝繁叶茂。在电影人才方面，据 20 世纪 80 年代的统计数据，长影从成立之日起，累计支援全国 2000 多名艺术和技术人才，帮助西安电影制片厂、广西电影制片厂、山西电影制片厂、内蒙古电影制片厂、辽宁电影制片厂及黑龙江电影制片厂等建立；在文化定位方面，长影在成立之初就确定了以中国共产党的领导为中心的创作思想和创作动力，随着大量电影人才的派出，在长影所积淀下来的红色创作思想也自然地流淌到国内各大电影制作单位的血脉中；在电影美学范式方面，长影构建一种新的电影模式，它的核心可以称为“人民电影”，这是对中国有电影以来的一次巨大革新，也是对以往电影一次集中的历史性的颠覆，形成了以人民为中心的拍摄主体，从而建立起中国电影人的一种新的精神之树；在电影类型方面，长影正式制定了“七片生产计划”，即艺术片、新闻纪录片、科教片、美术片（包括动画片及木偶片）、翻译片、幻灯片和新闻照片；在管理体制方面，确定了“三化立功运动”，所谓“三化”是指正规化、科学化和统一化，这要求电影厂有一整套

工作制度、条例或公约，也就是工作标准化，所谓“立功运动”则是号召每一个人在“三化”过程中勇创佳绩，争取立功；在电影工业方面，在派出大量艺术人才到全国各地创建或援建电影厂的过程中，还派出了大量技术人才支援全国电影发行及工业生产，创建了大量与电影相关的工厂，以电影创作为核心的电影工业也在祖国大地上蓬勃发展起来。

通过以上6类“种子”，我们不难看出，派往全国各地的2000多名电影人才给电影创作带去了文化定位，文化定位铸造了新的电影美学范式，新的美学范式通过多种类型实现，而这又需要特殊的管理体制来保证，管理体制最终又催生了电影创作的发行及工业化链条。6类“种子”不仅各自都深刻地影响了新中国电影事业，还环环相扣，形成了逻辑严谨的电影事业体系。这就是长影的意义，长春的意义，吉林省的意义，也是“新中国电影事业的摇篮”的内在本质。

长春电影制片厂内的“小白楼”（杨靖宇干部学院供图）

6. 勇于献身、团结奋斗——中国人民航空事业的摇篮[①]

1946 年 3 月，东北民主联军航空学校（习惯称东北老航校）在吉林通化正式宣告成立。这是中国共产党领导的人民军队创办的第一所航空学校。办学期间，东北老航校先后 4 次搬迁：1946 年 4 月，从通化搬到牡丹江；1946 年 11 月，从牡丹江搬到密山；1948 年 3 月，从密山搬回牡丹江；1949 年 3 月，从牡丹江迁到长春。1949 年 11 月 18 日，根据中央军委“先办航校、再建空军”的指示，我军先后成立了 7 所航空学校，东北老航校的骨干力量陆续输送到各个航校和其他有关单位。因此，东北老航校被称为“人民空军的摇篮”。1949 年 11 月 2 日，在人民革命军事委员会下设民用航空局，受空军指导。至 20 世纪 80 年代，我国航空事业长时期是军民合一的局面，因此东北老航校也被称为“中国人民航空事业的摇篮”。今天校部坐落在长春的中国人民解放军空军航空大学，是人民空军主体战斗力生成的唯一源头，其前身就是东北老航校。

人民空军党缔造，人民空军忠于党。东北老航校从航空队到航空总队、航空学校，始终在党的领导下，具体工作是在东北局、东北民主联军总司令部（简称东总）领导下开展。1947 年 6 月，有 6 位起义人员和航校的 2 位同志联名向航校领导提交了一份“八人意见书”，提出，由他们飞战斗机，而由新疆航空队回来的同志当飞行教员。校领导研究后，初步采纳了他们的意见，决定在飞行教员训练班结束夏训后照此意见办。新疆航空队回来的同志得知这一情况后召开支委会，一致认为：由谁来飞战斗机、培养什么样的飞行员，是关系到党的建军原则方针的问题。战斗机应由共产党员干部来掌握。他们派人向航校领导和东总首长反映情况。东总的刘亚楼、谭政两位首长听到汇报后，向航校发电

① 参见王玉琦、白刚《吉林省是中国人民航空事业的摇篮》，《吉林日报》2021 年 10 月 18 日。

报指示：“按新疆航空队同志提出的建议办。”按照东总的指示，航校加深了对“航校应该依靠谁、培养谁”问题的认识，决定由新疆航空队回来的同志改装和执飞隼式战斗机。

东北老航校团结奋斗靠的不是功名利禄，不是军功赏格，靠的是追求，也就是奋斗目标。1946 年，航校遇到了三大难题，一是理论教学能否进行下去，二是没有初级和中级教练机如何飞行，三是没有航空汽油如何进行训练。任何一个问题不解决，航校都办不下去。靠什么凝聚大家呢？靠党中央关于“一定要把航校办起来”的伟大号召，将其作为团结奋斗基础的目标，靠着这个目标解决了一个个办校难题。

东北老航校收集到的飞机（吉林杨靖宇干部学院供图）

东北老航校始终贯彻执行党的争取、团结、教育、改造各类人员政策，尊重、珍惜技术人才，形成了上下一心、团结一致、共同奋斗的局面。1946 年 4 月，航校领导在通化暴动刚过两个月的情况下，决定让日籍飞行员参加空中转场。

当宣布这个决定时，引起了日籍飞行员很大的震动，林弥一郎等一些日籍飞行员感动得流下了眼泪。他们说："中国共产党对我们是宽大的，是实事求是的，是信任的。"于是，在将近一个月的空中转场中，几乎所有的日籍飞行员都认真负责地把飞机安全地飞到指定地点，有 4 名日籍飞行员因偏航撞山献出了生命。当时，还有一批日籍人员和中国同志一起到长春搜集器材，由于国民党进攻长春，他们和中国同志失去了联系，但没有投奔国民党，历经波折后步行回到了航校。

党员干部也有思想问题。航校老领导常乾坤回忆说，有的干部一来就遇上航校搬家，行军途中还要求背长枪、站岗放哨，觉得到航校比在陆军当干部辛苦；有的干部要求学飞行，达不到目的很不高兴；有的干部和学生对办航校所遇到的重重困难缺乏足够的思想准备，感到航校难以为继、丧失信心，要求调动工作，等等。1947 年 12 月下旬，副政委薛少卿主持召开了航校党委民主生活会，进行统一思想工作。王弼和常乾坤等领导同志都作了深刻的批判与自我批评。参会的干部也作了自我批评，检讨"总部航空队"是老大思想，航校"舍我其谁"思想带有片面性，对团结也不利，表示应在今后的工作中注重克服。航校在整顿中上下通了气，解除了很多人心中的怨气，消除了领导班子成员和干部之间的隔阂，树立起了同心同德、同甘共苦搞好工作的良好风气。

东北老航校深入细致的思想政治工作，发扬三大民主，通过坚持民主集中制、坚持批评与自我批评来统一思想。航校飞行一期学员、原空司副参谋长姚峻和原广空副参谋长孟力回忆说，在老航校里，常乾坤之所以深受大家的尊敬，就是因为他作风民主，平易近人。老航校到处充满了团结的空气，靠的是发扬民主，特别是批评与自我批评，比如，航校实物教学、直上"九九"高教机、酒精代汽油，就是靠民主讨论解决的。

（三）赓续红色血脉，领航走上“现代化新吉林”新征程

1. 百折不挠——推动吉林全面振兴取得新突破

中国科学院长春光机所始建于 1952 年，以做光学仪器见长，在全国赫赫有名。2005 年，光机所领导在经过慎重思考、详细调研后，确定未来“一弹一星大口径大光栅”的创新课题，决定要研制卫星。2015 年 10 月，新组建的长光卫星技术有限公司研制的“吉林一号”卫星成功发射。现在，“吉林一号”已经成为吉林省一张拿得出、叫得响、金灿灿的名片。

作为目前国内唯一的一家集卫星研制、运营管理和遥感信息服务的全产业链商业航天遥感卫星企业，长光卫星技术有限公司依托“星载一体化”“机载一体化”等国际先进、国内领先的核心关键技术，以基于互联网的遥感信息平台、不断推出创新性产品的商业模式，积极打造以多源遥感信息综合应用为核心的信息服务平台，有效促进东北老工业基地的转型升级。同时，“吉林一号”卫星项目不仅催生了一批新的航天器件和单机供货单位，而且吸引了更多非传统航天工业部门参与到航天产业，促进了航天装备制造技术发展和数据挖掘与分析技术进步。

2018 年 10 月，长光卫星航天信息产业园一期正式投产，该产业园全面投产后，将具备年产 30 颗卫星和 200 架无人机的能力，并逐步形成以卫星及无人机研发、生产到遥感信息加工、应用的产业集群。长光卫星以敢为人先、百折不挠的精神，以空前的创造性，激昂奋进，向世人证明着自己的勇气和格局，彰显着吉林全面振兴取得新突破。

2. 砥砺前行——谱写吉林发展新篇章

吉林省作为老工业基地，工业基础雄厚，各种资源、产业、人才、基础设施等条件优越。吉林省产业结构不断优化，新旧动能加速转换。作为新中国轨道客车的摇篮，中车长春轨道客车股份有限公司挑战了轨道交通装备制造业的一次又一次的“不可能”。如今，中车长客不仅能生产完全具有自主知识产权的中国标准时速 350 千米的复兴号高速动车组，更是拥有国家轨道客车系统集成工程技术研究中心、高速列车系统集成国家工程实验室等技术创新平台，产品已出口 20 多个国家和地区，出口车数量累计超过 8900 辆，签约额超过 120 亿美元，打造“中国制造业亮丽名片”的嘱托刻在中车长客每个人的心中。

“天上有卫星，地上有高铁”，如今的吉林正在努力摆脱老工业基地产业结构“一柱擎天”的短板，抓住新一轮科技革命和产业结构调整的新机遇，依靠科技创新实现凤凰涅槃，向多元支撑、多业并举的产业发展格局迈进。

3. 甘于奉献——坚决履行好维护国家“五大安全”的重要使命

2020 年 7 月，习近平总书记在吉林视察时强调，“在服务党和国家工作全局中体现新担当，在走出一条质量更高、效益更好、结构更优、优势充分释放的发展新路上实现新突破”。吉林省深入学习贯彻落实习近平总书记视察吉林重要讲话重要指示精神，完整、准确、全面贯彻新发展理念，全面实施“一主六双”高质量发展战略，加快构建新发展格局，不断谋划高质量发展新篇章，奋力推动吉林全面振兴取得新突破。

吉林省是新中国汽车工业的发源地，一汽的总部所在地。在党的坚强领导下，一汽持续发展壮大，大踏步追赶世界先进水平，意气风发地向着世界一流汽车企业奋勇前进，努力为实现汽车强国的梦想而不懈奋斗，为实现中华民族伟大复兴的中国梦作出新的更大贡献。60 余年来，吉林省全力支持一汽及全

中国一汽第 5577 万辆汽车出厂（中国一汽供图）

省汽车产业发展，政企携手谱写了“产业报国、工业强国”“强大民族汽车工业”的壮丽篇章。多年来，汽车工业增加值占吉林省工业 1/4 以上，利润占全省工业一半以上，汽车销量占国内市场的比重超 10%，是当之无愧的第一支柱产业。

4. 改革创新——加快构建具有吉林特色优势的现代化产业体系

习近平总书记强调，要加快构建具有东北特色优势的现代化产业体系。东北是老工业基地，现在，大家正围绕优势产业、特色资源做文章。吉林是金色的粮仓，世界黄金玉米带、黄金水稻带和肥沃的黑土地，造就了吉林现代农业排头兵的底气。在现代农业产业体系建设上，吉林省重点深化农业供给侧结构性改革，围绕“调整、融合、绿色、创新”四大关键词，做大做强农业全产业链条。每年都有数百亿斤的“吉粮”源源不断销往祖国大江南北，“中国粳稻贡米之乡”物产名片的知名度不断提升，万昌大米、鲜食玉米、老爷岭杂粮等“吉字号”农产品市场竞争力不断增强。

在现代农业生产体系建设方面，吉林省重点用现代物质装备武装农业，用现代科技服务农业，突出加强农业基础设施建设和高标准粮田建设。目前农民在耕、种、管、收各个环节都实现了全程机械化。农场采用生态种植、绿色生产，以有机肥料为主。农业现代化不仅提高了工作效率，更提高了粮食质量。

德惠市菜园子镇蟹稻田（石雷　摄）

随着乡村振兴战略的全面实施，发展乡村旅游已经成为实现乡村振兴的重要力量、重要途径、重要引擎。2018 年，吉林省文化和旅游厅发布《大力推动乡村旅游发展的十七条政策措施》，进一步优化乡村旅游发展环境，推动乡村旅游提质升级，助力乡村振兴战略。

5. 释放动能——留才引才为吉林全面振兴集聚发展新动能

习近平总书记对吉林振兴高度重视，五年三次到吉林视察，亲自为吉林工作量体裁衣、问诊把脉、开具药方。当前，处于振兴发展“上升期”“快车道”的吉林，比任何时期都更加需要人才、更加渴望人才。

人才兴则吉林兴，人才强则吉林强。近年来，吉林省深入学习贯彻习近平总书记关于做好新时代人才工作的重要思想和视察吉林重要讲话重要指示精神，聚焦“一主六双”高质量发展战略，坚持党管人才原则，围绕人才引、育、留、用，高质量造就新时代人才队伍，为实现吉林全面振兴全方位振兴注入强大动能。

国家发展靠人才，民族振兴靠人才。吉林省第十二次党代会强调，“牢固确立人才引领发展的战略地位”“把吉林打造成英才向往之地、用武之地、兴旺之地”。在吉林振兴发展处于滚石上山、爬坡过坎的重要关口，人才振兴对于吉林全面振兴全方位振兴至关重要。未来发展中，我们必须深入学习贯彻党代会精神，大力实施人才强省战略，海纳百川引人才，多措并举育人才，苦口婆心留人才，不拘一格用人才，推动人才汇聚热潮加快形成。

硬实力、软实力，归根到底要靠人才实力。创新之道，唯在得人。人力够不够、人才多不多、人心齐不齐，是在各种竞争中赢得先机的关键所在。5 年来，吉林省大力实施人才强省战略，出台人才政策 18 条等举措并不断推出升级版，“创业有你、就在吉林”“奋斗有我、就在吉林”“吉人回乡”创新创业热潮高涨，高端人才实现净流入，人才汇聚成效较为显著。与此同时，也应看到，国内区域人才竞争日趋激烈，人才已成为赢得区域发展和激烈竞争的第一战略资源，人才的培养、争夺和竞争已成为综合实力竞争的核心。谁能培养和吸引更多人才，谁就能在竞争中占据主动和优势。越是向现代化迈进，对人才的需求就越加迫切；人才的数量越多，发挥的作用越充分，我们事业的发展就越迅速。推动吉林全面振兴全方位振兴迫切需要培养造就一大批创新型人才，迫切需要加快人才队伍建设。

吉林省第十二次党代会提出，要“准确把握吉林所处的历史方位和发展定位，抢抓东北振兴历史机遇，加强前瞻性思考、全局性谋划、战略性布局、整体性推进”，并强调要“初步建成全国重要人才中心和创新高地”的战略目标。为此，必须抓住机遇、超前布局，以更高远的历史站位、更宽广的国际视野、更深邃的战略眼光，加快对人才振兴作出整体部署和战略设计，使人才振兴成为吉林振兴发展的重要先手棋。

牢固确立人才引领发展的战略地位，深入实施创新驱动发展和人才强省战略。要进一步在现有基础上制定人才政策升级版，不断优化人才环境，加快形成有利于人才成长的培养机制、有利于人尽其才的使用机制、有利于竞相成长各展其能的激励机制、有利于各类人才脱颖而出的竞争机制，大兴识才、爱才、敬才、用才之风，真正做到寻觅人才求贤若渴，发现人才如获至宝，举荐人才不拘一格，使用人才各尽其能，把各方面优秀人才吸引过来、凝聚过来，高标准建设“长春人才创新港”，为新时代吉林振兴发展、综合发展实力显著跃升提供强大的人才保障。

进一步完善以创新价值、能力、贡献为导向的人才评价体系，建立以绩效为导向的资源配置机制。要坚持五湖四海、任人唯贤的理念和事业为上、人岗相适的原则，创新和完善揭榜挂帅、立军令状等人才选拔和使用机制，让有为者有位、能干者能上、优秀者优先，特别是要不断为科研人才“松绑减负”，让其安心、热心、静心、舒心开展研究，加快推进自主创新和原始创新，让各类人才在创新实践中始终葆有创新的勇气和奋斗的激情，在创新事业中不断成长，以机制体制创新让人才有盼头、有劲头、有奔头。

加快培养、吸引和凝聚吉林经济社会发展转型升级所亟须的一大批创新型、实用型、复合型人才。要充分整合省内“大校、大院、大所、大企”资源，围绕全面实施“一主六双”高质量发展战略和加快建构现代产业体系，特别是坚持以发展新能源、新装备、新材料、新农业、新旅游、新电商“六新产业”为方向，以建设新基建、新环境、新生活、新消费“四新设施”为重点，培养造就集聚一批聚焦关键核心技术攻关和构建现代产业体系需要的科技创新战略领军人才、推动哲学社会科学和文化艺术振兴繁荣的思想文化人才、促进工业振兴需要的工程技术人才、全面推进乡村振兴紧缺的农村实用型人才、加快生态强省建设亟须的生态环境人才，以及培养一大批敢于担当作为、改革创新的干部人才队伍。

6. 团结奋斗——加强党的领导和建设是根本保证

东北老航校精神是中国共产党领导的人民军队革命精神的重要组成部分，是对东北老航校光辉历程的高度凝练，是人民军队宝贵的精神财富。东北老航校人员来自四面八方，有我党早期派往苏联学习的航空技术骨干，有经过长征和抗日战争的老战士，有参加革命时间不长的年轻学生，也有从汪伪和国民党空军起义人员，还有日籍留用人员。这些人员思想觉悟高低不一，文化技术水平参差不齐，作风习惯松严不一。在这种情况下，团结各方面人员上下同心，形成一个坚强的战斗集体，是办好航校的唯一出路。在艰辛的奋斗中，东北老航校人孕育形成了东北老航校精神。东北老航校精神是中国共产党领导的人民军队革命精神的重要组成部分，是对东北老航校光辉历程的高度凝练，是人民军队宝贵的精神财富。它包含“团结奋斗、艰苦创业、勇于献身、开拓新路”四个方面内容，每个方面内容都有其深刻的内涵、丰富的意蕴。

2022 年空军航空开放日飞行表演（李刚　摄）

诞生在吉林省的东北老航校，是空军主体战斗力生成的唯一源头，是飞行员的摇篮、航天员的摇篮、英雄的摇篮和将军的摇篮。东北老航校精神映照着我们党的初心使命，是我军一向坚持的团结奋斗历程的生动体现。在强军兴军的征程中，我们要牢记习近平总书记的重托，大力传承弘扬老航校优良传统和红色基因，为建设世界一流军队提供强大精神动力，为早日建成世界一流空军拼搏奉献。

习近平总书记高度重视人民空军建设发展，着眼为实现中国梦、强军梦提供坚强力量支撑，作出“努力把人民空军全面建成世界一流空军”的战略擘画。东北老航校在极端艰苦的条件下，创造了举世瞩目的辉煌业绩，靠的就是办好航校建空军的信仰追求。信仰既是奋斗的灵魂，也是团结的基础。只有在信仰的旗帜下，才能凝聚起人民群众和官兵的信念意志，汇集成最强大的奋斗力量。新时代是奋斗者的时代，我们要牢记崇高使命，笃定建功空天理想追求，紧密团结在以习近平同志为核心的党中央周围，深入贯彻习近平强军思想，深入贯彻新时代军事战略方针和新时代军事教育方针，沿着习近平总书记标定的航向奋飞，自觉投身建设强大人民空军的伟大实践。

（四）结语

百年来，吉林这片土地从冰天雪地到希望热土，是在中国共产党的领导下完成华丽转变的。吉林这片黑土地承载着中华民族不屈不挠的抗争精神，无数的英雄人物用他们的鲜血书写这华美绚烂的篇章。吉林最厚重的底色是红色，最深厚的底蕴是红色历史底蕴。蓝图已经绘就，逐梦唯有笃行，在中国式现代化路径的光辉指引下接续推进吉林实现全面振兴，以传承不息的红色精神持续释放发展动能。

第一，百折不挠、舍生忘死是吉林走好中国式现代化新征程最大的底气。吉林具有光荣的革命传统，在不同历史时期接续传承了宝贵的革命精神。在推动新时代吉林全面振兴进程中，需以百折不挠、舍生忘死的勇气，紧密结合吉林全面振兴的时与势，激发潜能，为吉林的全方位振兴提供强大的精神指引。

第二，甘于奉献、艰苦创业是吉林走好中国式现代化新征程的最大动力。伴随新中国建设与改革开放的时代大潮，吉林人民始终彰显着创新的激情与智慧，绝不故步自封，永远改革向前，吉林的发展因改革创新而焕发生机活力，从装备制造到民生保障，吉林振兴的每一面都伴生着改革的勇气与创新的朝气。甘于奉献、艰苦创业是新时代激发吉林全面振兴的不竭动力。

第三，引贤育才、团结奋斗是吉林走好中国式现代化新征程的坚强保障。在新中国发展的每一历史时期，吉林之所以都能扮演重要角色、发挥关键作用，原因就在它有一大批甘于奉献的人才，在党的团结带领下努力奋斗，承担使命。新时代以中国式现代化推进中华民族伟大复兴，吉林必须精准定位、激发人才潜能，团结奋斗，积极作为、勇挑重担。

今天的吉林站到了一个新的历史起点上，在中国式现代化中“体现新担当、实现新突破、展现新作为”，要将“三地、三摇篮”红色记忆转化为吉林全面振兴的不竭动力，以实际行动谱写全面建设社会主义现代化新吉林精彩篇章。

二、“小社区”推动“大治理”：书写党建引领基层治理新篇章

（一）引言

社区是构成城市最小的单位，是城市的“毛细血管”，同时也是基层治理的最小“单元格”，社区服务关系到千家万户的幸福。

在国家治理体系与治理结构中，基层治理属于“末梢神经”，但却发挥着基础性、全面性的作用。要想更好地发挥基层治理效能，加强党建引领是一把“取胜之匙”，正如习近平总书记所强调的，“把加强基层党的建设、巩固党的执政基础作为贯穿社会治理和基层建设的一条红线”。党建做得好，就能够将组织优势转化为治理优势，就能够助力基层治理提质增效。因此，面对矛盾日益复杂的基层，面对需求日益多元化的社区，必须抓住基层党建这个“牛鼻子”，才能打通“毛细血管”，激活“末梢神经”。

2020年，习近平总书记视察吉林省时，前往社区干部学院了解吉林省基层治理现状，并提出“社区治理只能加强，不能削弱”，“要加强党的领导，推动党组织向最基层延伸，健全基层党组织工作体系，为城乡社区治理提供坚强保证”。可见，作为国家治理体系与治理能力现代化的重要组成部分，社区治理是推进中国式现代化的重要一环，只有将基层治理的根基夯实了，一切矛盾才能

在基层得以化解，才能提升人民群众的获得感、幸福感和满足感。

如何让“小社区”书写“大文章”，实现“小社区”推动“大治理”，吉林省通过党建引领基层治理做好了这道必答题。

（二）党建引领基层治理，谱写吉林发展新篇章

1. 从“独角戏”变成“大合唱”，奏响多元共治“协奏曲”

基层党建工作是夯实基层社会治理根基，提升社区治理效能的“取胜之匙”，必须坚持发挥党建引领作用，发挥党组织凝聚人心、汇聚民智、解决民怨的作用，通过发挥基层党组织“主心骨”作用，激发其他主体参与积极性，奏响多元共治“协奏曲”。

图们市月宫街道月宫花园小区“家园共治委员会”议事（中共图们市委组织部供图）

（1）从“群龙无首”到“核心引领”

建立小区党支部是做好党建引领基层社会治理工作的关键。长春市的长山花园社区采取一系列创新举措让基层党组织从弱到强、从涣散到凝聚，实现了从“群龙无首”到“核心引领”。例如，“党员回家”举措就使长山花园的党组织力量实现了增强。2003 年，长山花园一次性接收 194 名退休党员回归社区管理。作为曾经为祖国建设作出一辈子贡献的老党员，他们的政治觉悟和积极性非常高，但由于企业转型升级处于停产状态，他们不得不每月 8 日前往工厂学习。基于这样的背景，为了更好地发挥这些老党员的余热，长山花园社区开创性地接收 194 名党员，开创了长春市规模性接纳企业退休党员的先河，让这些老党员有了“落叶归根”的感觉。正如 68 岁老党员沈长儒所感慨的：“想当年，大家成群结队上山打松子、摘野果，为了防止有人跑丢跑散，大家一起喊号子。后来厂子破产，到了城市中没想到大家在党组织的带领下又能够聚在一起，依然彼此呼唤着，没有走散、没有迷失，始终都是一个温暖的大家庭！”为了有效发挥这些老党员参与社区治理的重要作用，长山花园社区发挥“支部建在连队上”的优良传统，将党组织的关口前移，建立楼宇党支部，每个楼栋设立党小组，每个楼栋设立楼栋长，从而构建起系统性、体系化的党组织体系，使得长山花园的社区发展与每一名老党员建立起密切联系。

为了增强长山花园社区基层党组织的力量，让非公企业找到组织、让在外面打工的年轻党员干部找到组织，在 2018 年下半年，长山花园社区党组织决定扩建党支部，协调原单位负责人，将 12 个找不到组织的党员纳入社区党委，并相继成立 2 个非公企业党支部、1 个企业党支部。借助《吉林日报》、社区党课日以及“E 支部”App 等线上线下平台，将在外打工的党员及时纳入党组织的大家庭，做到每一名党员都不掉队。这一创新性举措不仅解决了长山花园社区以往党员归属问题，更使得非公企业的“有党员无组织、有组织无活动”问题得到了根本性解决，扩大了长山花园社区的基层党组织战斗力和凝聚力，增强了为人民服务的能力。

（2）从“各自为政”到“协商共治”

基层治理过程中会产生“治理孤岛”现象，即社区主体之间的联系性、合作性和共享性不足，导致每个社区主体各自为政，无法形成治理合力。构建大党委就是以党建带共建，通过充分调动、发挥社区内机关、团体、部队、企事业单位组织等社区主体的作用，形成“小社区大党委”的协商共治新格局。关键在于在社区大党委的领导下实现社区组织资源的整合、集聚，形成合力，激发社区活力。长山花园社区的大党委特色就是突破了辖区限制、以党建为引领，覆盖、凝聚了更多的企事业单位，吸引了更多的社会力量参与社区建设，形成了共建、共治、共享的工作格局。

长山花园社区由于地理位置偏远，且困难群体较多，社区治理的任务繁重，单纯依靠社区党组织以及自身资源无法应对不断增多的需求和问题。因此，社区基于《长春市社区党委换届工作指南》，在社区党委换届之际，将 7 名企事业单位的党组织负责人吸纳进来并承担兼职委员，从而构建起社区大党委。由于长山花园社区就近只有胜利医院和团山小学，社区党委书记吴亚琴将社区大党委的覆盖面积扩大，将周边的吉林银行、九台农商银行、工商局以及宽城区检察院等企事业单位纳入进来，通过创设议事规则和驻区单位联席会议制度，搭建起社区党委为主体的多元主体广泛参与的大党委格局。

胜利医院和团山小学由于地理位置近，与社区合作交流最为频繁。胜利医院每年为社区居民进行免费体检，在三八妇女节免费为女性进行体检，重阳节为 60 岁以上老年群体进行免费体检，且这项活动一坚持就是 10 余年。通过定期检查，社区居民很多并不知情的疾病被提前发现，确保了疾病早发现、早治疗。团山小学在社区中成立“青少年健康加油站”，专注于在科普、心理卫生、思想品德等方面开展辅导，取得了良好的示范效果，加强了家长与学校、社区与学校、学生与社区之间的密切关系。

距离社区较远的企事业单位在成立社区大党委之后，通过确立联席会议制度，为社区治理提供更多的资源支持，解决社区居民需求与供给之间的矛盾问题。例如银行为社区居民免费办理银行卡，不仅有基本的存储功能，还有额外的刷卡消费优惠和折扣；此外，银行工作人员定期为社区居民进行金融安全普及教育等。通过大党委制度，企事业单位基于行业特性和社区居民的实际需求提供了多元化、多样化的公共服务和公共产品，不仅加强了与社区居民的联系，更加强了党建引领为人民服务的效果，正如吴亚琴所讲“党支部就是为人民服务的组织，要永远将方便留给居民，把最好的服务、最好的资源提供给居民，以居民就是我亲人的服务理念，打造幸福美好和谐的社区”。

（3）从“漠不关心”到“热情参与”

自治是社区治理的理想模式，是社区治理的核心要素，追求自治、实现自治逐渐成为社区居民行使民主权利、参与社区事务、实现自我管理和自我服务的有效手段。作为社区治理的权益受益者和决策参与者，社区居民要充分发挥主人翁意识，要在党建引领的推动下激发自治活力，从“漠不关心”到“热情参与”，实现“自己事情自己办”“自己的难题自己解”。

长山花园社区作为典型的“单位社区”，社区居民彼此间熟悉度、亲密度较高，大家经常就社区治理的相关事项进行交谈，并彼此交换意见。因此，实现社区自治就是要将居民协商议事的优势充分发挥，才能做到“社区的事大家管、大家议、大家办”，其中“四步议事工作法”就是长山花园社区基层治理过程中总结出来的典型模式，借助“四步议事工作法”有效解决“停车难”问题就生动地证明了这种模式的有效性。

随着人民生活水平不断提高，长山花园社区内私家车越来越多，随之而来的就是停车难和乱停车问题，甚至部分周边的社区居民也来到长山花园“蹭停车位”，因此产生的争吵和冲突始终不断。吴亚琴经过与社区居民交流后掌握了具体情况，故采取“四步议事工作法”对此事进行商议和讨论。第一步，征求网格党支部和部分群众代表的意见，结果显示居民对于收取停车费的呼声较高。基于此，吴亚琴带领社区工作人员找到了法律依据，做到了有法可依。第二步，由社区党支部提出方案，确保政策制度的可行性，社区“两委”就方案开展充分讨论、交换意见和进一步优化停车费收取方案。第三步，组织党员和居民代表召开议事会，征求居民们对于方案的修改意见。由于收取停车费涉及每一位居民的切身利益，大家都对此发表了各自的意见，有赞成、有反对，经过吴亚琴对现实情况的分析和法律文件的解读，大家对于收取停车费和购买停车位等问题达成了一致意见。第四步，社区对停车费收取方案进行公示，公示期过后长山花园依照方案规划了 50 个专属停车位和 100 多个路边停车位，安装了 235 个挡车桩，并且对社区的大门、分流桩等进行了修缮和安装，对专属停车位每年收取 360 元专属停车费，其余路边停车位每年收取 150 元停车费。虽然也有部分居民存在不满情绪，但经过吴亚琴的细心劝解，心结也逐渐打开。

基于“四步议事工作法”，长山花园社区党委不等不靠解决社区居民急难愁盼问题，走上了“党委引领、居民作主”的自治道路，使得曾经的“为民做主”转变为“由民作主”，让社区居民依靠自己的力量解决问题，维护自身合法权益，而社区党委也成为社区居民离不开、信得过的“贴心人”。

2. 筑好基层红色堡垒，夯实基层红色阵地

（1）“红细胞”激发红色力量

社区是新时代社会治理最基本的单元，只有将基层的工作做好、做实，国家大厦才能稳固。社区党组织是基层治理的主心骨，是党在基层所有工作的基础支撑，要夯实基层党组织这一“红色堡垒”，不仅要强化基层党组织的领导地位，更要充分发挥党员的先锋模范作用，激活党员干部这一“红细胞”，为基层治理贡献“红色力量”。

长山花园社区充分利用党员干部这一“红细胞”，调动在职党员发挥优势，

认领工作任务，积极参与社区治理，通过设立“红细胞”服务岗位，推行“群众点单、社区派单、‘红细胞’党员接单”工作模式，为社区居民提供精细化、精准化服务。每一名“红细胞”党员干部根据各自特长和职业类型，建立了包括法律援助、政策宣传、教育辅导等内容的数十人“红细胞”人才特长库，与此同时，也成为社区的网格员、宣传员、联络员、调解员和信息员，实现了个人专业优势向服务群众优势的转变。采取“派单、接单、回单”的方式组织社区“红细胞”党员开展为民服务，解决辖区内社区居民的烦心事和愁心事，让“红细胞”党员在为民服务中增强存在感和认同感。例如李医生是社区“红细胞”党员，在日常工作之余，还承担着为社区老年人定期提供免费医疗咨询和公益义诊的任务，有效地改善了社区老年人的生活质量。

长山花园社区依托“红细胞”真正实现了基层工作重心下沉，再配合楼栋网格长、楼栋长和单元长，将社区党组织力量延伸到社区的每一个角落，实现“红色力量”全覆盖。

（2）红色物业点亮幸福生活

在社区治理中，物业管理不仅包含着所管理物业项目的正常运转，为社区居民提供优质的物业服务、创建美好生活以及舒适的生活环境，而且还要协助社区做好相应工作。随着社区居民需求从“有没有”变成了“好不好”，多元化、多层次以及人性化的物业服务成为社区居民所需要的。因此，通过发挥物业企业党组织战斗堡垒作用和党员的先锋模范作用，全面提升物业管理水平，增强人民群众的获得感、幸福感和满足感。由此可见，红色物业成为新时代党建引领基层治理的创新之举，成为点亮社区居民幸福生活的关键。

例如长春市雅居社区所采取的“两委”物业互动，有效地促进了社区和谐发展。在社区环境提档升级建设过程中，社区“两委”与物业服务企业将社会主义核心价值观融入到社区环境中，在“两委”服务中心张贴宣传标语，在物业服务大楼安装LED显示屏，滚动播放党的最新理论和法治宣传。涉及居民利益的方面，社区“两委”和物业服务企业进行超前谋划，例如社区居民办喜事时，网格员第一时间通知“两委”，由“两委”联系物业服务企业，做好井盖铺盖喜字、树立拱门、解除电梯限制等。遇到“白事”，社区“两委”与物业服务企业提供力所能及的服务。

通过社区“两委”和物业服务企业互动，消除沟通壁垒，提高了物业服务效率，使社区居民急难愁盼的事情能够在第一时间得到解决，物业服务获得了社区居民的认可。

除了通过与社区“两委”互动，建立平等协商合作机制，部分社区还依托“红色物业法”实现党建引领物业服务，破解基层治理难题。

“红色物业法”就是发挥社区党组织的领导作用，通过建立完善的互动联动机制，搭建多元主体协同共治平台，动员街道内的各类社会组织、驻区单位以及商户等广泛参与，从而形成党组织之间、党员之间以及党群之间的联动互动，推动社区治理从一元走向多元，从松散走向协作。长春市会展社区所推进的“红驿舫”就是“红色物业法”的典型实践案例。通过党的政治优势和组织优势去规范和引导物业管理，使得物业服务企业在公益化和市场化之间找到平衡点，实现经济效益与社会效益双赢局面。通过健全领导机制、考核机制和联动机制，构建完善的组织体系、责任体系和制度体系，从而充分发挥组织优势、资源动员和服务功能的最大化，实现基层党组织凝聚人心、服务群众的目标。

会展社区成立了 8 个小区党支部、3 个红色业委会及 115 个楼栋党小组，发展了 7 名物业人员成为党员，并因地制宜地制定了 72 项“小区公园”规划方案，为 6000 多名社区居民解决了房顶漏水、塑钢窗开裂、园区道路规划混乱、飞线充电等问题，累计投入 700 余万元，切实解决了社区居民最急迫、最需要及与日常生活最密切相关的烦心事，物业服务企业通过打造“红色物业”成为社区居民的贴心人和暖心人，换来了不断提升的物业费收取率，从而使得企业继续为社区居民提供更多、更人性化和多样化的服务，实现了企业发展的良性循环，有效地助力了社区治理效能换挡提升。

（3）红色联盟凝聚治理合力

随着社会经济发展，城市各个商业中心都吸引了不同规模、不同业态的商户入驻，汇聚了大量的人才、资金和资源，逐渐形成了功能齐备、富有特色的商圈。如何在城市商圈中开展基层党组织建设，凝聚商圈中包括党员群众在内的企事业单位，形成强大的治理合力，促进商圈可持续发展，成为基层党建面临的全新课题。因此，在“共驻共建共赢”原则引领下，打造红色联盟凝聚治理合力，成为提升区域党建工作的整体效应的有效途径。

松原市扶余市士英社区打造的红色联盟，成为商圈党建的典型模式。第一，通过打破壁垒、延伸覆盖，建强“红色堡垒”。坚持“经济发展到哪里、党建工作就开展到哪里”，探索构建“一核、多元、全兜”架构，将商圈范围内的居民、商户和企业凝聚起来，资源共享、互通互联，服务党员、服务员工，有效发挥党建引领作用。尤其是“一核”，发挥商圈综合党委的引领作用，构建以社区为主体，将周边商户、企业、事业单位等主体全部纳入，成立商圈综合党委。第二，坚持要事共办，做到同下“一盘棋”。士英社区成立红色联盟理事会，将商圈单位党组织负责人吸纳为理事会成员。红色联盟理事会每一季度召开一次联席会议，共商共建工作，重点解决商圈内商户生存与发展问题及居民日常生活急难愁盼问题。遇到紧急情况则会随时召集相关成员单位召开联席会议，共商处置办法。通过联席会议，有效地解决了所在辖区私搭乱建、下岗再就业困难以及治安混乱等问题。第三，创新运行载体，丰富活动形式，激发“红色动力”。为了有效解决党组织活动单一、缺乏趣味性等问题，通过创新“红色动力卡”项目，完善商圈党建运行机制，将商圈内资源力量聚集起来，调动党员、驻区单位的积极性，增强商圈党建工作内生动力。“红色动力卡”项目是根据党员参加组织活动、志愿活动的次数、内容、时长等兑换积分，根据积分情况发放不同级别的“红色动力卡”，持卡可以在商圈党委覆盖的商户享受打折、增值服务，让商圈党委成为凝聚人心和人气的核心。

士英社区通过红色联盟将“老死不相往来”的驻区单位转变为“谁也离不开谁”的治理合力，打通了基层治理的“神经末梢”，实现了共驻共建共赢的基层治理新格局。

3. 创造为民服务“零距离”，打通服务群众“最后一公里”

（1）红色网格，让基层治理有效率

网格化管理是党的二十大报告中对于基层治理提出的新要求、新目标，是提升基层治理的重要手段，红色网格将基层党建共建与网格化管理有效融合，做到“网格中有党员、网格中有党建”。依托红色网格，实现红色服务，巩固了基层党建的战斗堡垒地位。

红色网格是在社区网格化管理的基础上，将党支部建立在网格上，并搭建以社区党委为核心的社区事务协商平台，即社区党委牵头的联席会议，通过网格党支部成员对单位网格内的民意、民情、民智、民忧进行汇集，同时将社区党委决议及时传达给社区居民，从而建立起汇集民意和解决问题的新型基层党建工作机制。通过红色网格，将社区的所有辖区下沉到网格党支部，进而关联到网格党支部的党员，实现“距离群众最近、共情群众最多、帮扶群众最快”。

在长山花园社区，红色网格成为社区居民解决矛盾、奉献爱心的平台。尤其在网格党员的带领下，社区居民参与社区治理的热情和积极性被极大提升。例如在 2007 年的正月十五，当时大雪纷飞，由于长山花园的道路破旧，地面坑坑洼洼，很多地方被积雪掩埋了半米之深，而且随着降雪的继续，积雪越来越厚、越来越实，很难清理。按照上级要求，社区需要做好本辖区的清雪工作，接到通知之后，社区的红色网格起到了先锋模范作用，网格中的老党员和志愿者发挥了表率作用，以楼栋为单位自发组织社区居民进行扫雪。党员们和志愿者们的表率作用对社区居民的触动很大，很多居民也被带动加入扫雪大军中。正如当时在社区工作的萍大姐所讲，“我早上六点多就到了，大家却已经带着工具热火朝天地干起来了，零下二三十度的寒风中，大家为了自己的家园都没有怨言地工作，人群中那些五六十岁的老党员的身影格外引人注目”。

清雪工作只是红色网格提供社区服务的一个缩影，红色网格通过工作事项清单将工作精细化、项目化和信息化，丰富了服务内容、提升了服务质量，尤其是对于网格中的困难独居老人、低保人员、残疾人等弱势群体进行重点照料，成为他们的“贴心人”和“娘家人”，体现了全心全意为人民服务的宗旨。

（2）志愿服务，让基层治理有温度

社区作为社会治理的末端，承担着针对社区居民的各种需求提供有针对性的公共产品和公共服务的重要职责。长山花园社区之所以成为幸福社区，其原因之一就是社区居民的多样化需求得到了有效满足，通过党建引领实现了资源的有效整合、服务能力的提升、服务方式方法的创新，让服务不再是一句口号，而是实打实体现在为人民服务的行动实践中。例如比较典型的“志愿服务积分制”，就是党建引领服务能力和服务手段提升的创新举措。

长山花园社区基于“社区营造”理论，并结合本社区实际情况，探索出可持续的好人好事志愿服务模式，即志愿服务积分制。一直以来，长山花园的志愿服务活动走在全省前列，尤其是“红马甲”更是志愿服务的品牌，并形成了“红马甲”党员志愿服务积分制度。这一制度的适用范围不仅是长山花园内部的党员，还包括社区内愿意做好人好事的社区居民和志愿者。该制度的宗旨就是实现“人人都是志愿者，人人都是受益者”的目标。社区居民将好人好事向楼宇党支部说明情况，并由服务对象和社区党支部或网格长签字确认，社区党委根据志愿服务的次数、难易程度以及服务时长转化为相应的积分。在长山花园社区的志愿服务积分体系中每个积分等价于 5 元钱，在年底统一结算，每位志愿者都可以利用积分换取相应的实物或服务。陆大爷就是该制度的受益者，他是长山花园社区的热心人，曾经在车间工作时就经常帮助他人磨刀、磨剪子。退休后，陆大爷依然没有中断这项工作，而且磨刀石和油石等工具都自费购买。社区党支部书记吴亚琴了解到该情况，为其在社区中设立了义务磨刀、磨剪服务站，每天会有六七把菜刀和剪子需要磨，多的时候会有十多把。就这样，陆大爷成了远近闻名的热心人，找他帮忙的人不仅是社区中的居民，也有来自其他社区的人。不少人都劝陆大爷应该适当地收点费用，但都被他婉拒了。他强调自己是一名共产党员，为人民服务哪有收费的，举手之劳，义不容辞。社区将陆大爷的志愿服务纳入志愿服务积分中，到了年底，为陆大爷兑换了一个电饭锅。这既是对陆大爷高尚品质的肯定，也是对于志愿积分制度最真实的实践写照。

借助志愿积分制度，长山花园社区中的每一名社区居民都实现了有服务就有回报，激发了每一位参与活动主体的热情和积极性，充分调动了社区居民参与公益活动、提供志愿服务的主动性。尤其在社区党委、楼栋党支部以及党员志愿者的带领下，长山花园社区志愿服务蔚然成风，社区“红马甲”志愿者队伍规模越来越大，提供的服务项目越来越多，形成了互帮互助的良好风气，美丽和谐社区建设越来越走向实处。

（3）科技赋能，让基层治理有智慧

党的二十大报告明确提出“完善网格化管理、精细化服务、信息化支撑的基层治理平台，健全城乡社区治理体系”。着力提升基层治理数字化水平，借助信息技术赋能基层治理，成为新时代夯实基层治理根基的重要手段。随着社区治理的内容日趋复杂、社区治理的广度和宽度不断扩大，短缺的人力资源与不断增多的居民需求之间产生了不可调和的矛盾。因此，信息技术的广泛应用能够使得当前的基层治理效能实现几何倍数增长，为基层数字化治理能力的提升做乘法。尤其在 2021 年，中共中央、国务院印发的《关于加强基层治理体系和治理能力现代化建设的意见》中，明确提出要实施“互联网＋基层”治理行动，更是为智慧社区建设指明了方向。

延边州龙井市河西社区党委所建设的“海兰江 e 站”数字化党建引领城市基层治理平台，就是秉承“互联网＋党建”融合发展理念探索的新路径、新模式。首先，深化“网格化”管理，构建“线上建库＋线下对接”统筹机制。借助“海兰江 e 站”平台，将社区分为 28 个网格，网格员深入小区居民家中和商业楼宇进行数据统计，打造包含信息录入、信息查询、信息统计、基础信息、智能社区等项目的居民信息查询系统，为日常管理、人口普查、经济普查及帮扶救助等工作提供了最翔实的大数据支撑。其次，推进“高精准”转办，构建“线上点单＋线下服务”联动机制。在社区党委带领下，驻区机关单位党组织、企业及社会机构党组织与行业党组织等组成城市党建联盟，打造“党建＋服务”的需求清单、资源清单、项目清单和责任清单“四项清单”制度，社区网格员借助 App 终端将所在网格的居民需求及时上传到平台，相关责任单位及在职党员主动接单并提供相应服务，社区党委通过对民生事件的接收、处理、办结以及审核等，对承接服务的企事业单位及个人给出评价，有效地提升了办事效率和服务质量，打通了沟通壁垒，缩短了需求响应时限，最大限度地实现了“今日事今日毕”。最后，强化积分制考评，构建“线上赋分＋线下检验”督办机制。为了进一步提升基层党组织为人民服务的效能，社区采取积分制对每个网格党支部的工作进行考评，借助《在职党员“支部进网格·党员进楼栋”活动积分制管理细则》和《“海兰江 e 站”平台积分上传操作指南》，对网格党支部的每一项服务工作进行量化管理，并上传网格员的服务积分凭证进行“线上审核＋线下检验”，有效地提升了服务成效。

信息化和数字化为基层治理插上了腾飞的翅膀，有效地推动了党建信息融合积聚、开放共享，不仅解决了传统模式下不直观、不科学的党建工作难题，还使得基层党组织成为基层治理的“中枢大脑”和火车头。在智慧党建的引领下，基层数字化治理能力不断提升，治理效能充分释放。

（三）结语

道虽迩，不行不至；事虽小，不为不成。习近平总书记指出：“社区工作是一门学问，要积极探索创新，通过多种形式延伸管理链条，提高服务水平，让千家万户切身感受到党和政府的温暖。”[①]在新时代，面对人民群众对于美好生活的期待、面对新形势新挑战，需要党建聚合力，才能治理满盘活。

长春市绿园区委召开优秀年轻干部座谈会（中共长春市绿园区委组织部供图）

① 中共中央文献研究室编《习近平关于社会主义建设论述摘编》，中央文献出版社2017年版，第128页。

吉林省基层治理探索形成的党建引领社区治理新模式开启了幸福社区建设的“新密码”，切实满足了人民群众的获得感、幸福感和满足感，让党的温暖送到群众心中，让为民服务有温度、有色彩和有活力。

第一，党建引领突出政治属性，确保基层治理正确方向。政治引领是方向引领，是根本引领，基层治理工作必须将政治建设摆在首位，必须坚持“党政军民学，东西南北中，党是领导一切的”。只有在党的坚强领导下，只有加强党的建设，才能确保基层治理沿着正确方向健康发展，才能为东北全面振兴夯实基础。吉林省的基层治理突出党建引领的重要作用，明确基层党组织的重要地

长白山（李刚 摄）

位，有效实现将党的各项优势转化为基层治理的实际效能，助力提升基层治理的质量与水平。

第二，党建引领盘活各类组织，打造基层治理共同体。党的力量来自组织，组织能使力量倍增。通过发挥基层党组织的组织功能，将分散、孤立的群众和各类组织整合起来，使其成为党的左膀右臂，将基层重建为“团结的基层”。在吉林省通过党建引领基层治理实践中，以基层党组织为领导核心，引导各方力量共同参与社区治理，构建一核多元治理共同体，解决了基层治理“依靠谁”的问题。

第三，党建引领提升服务能力，满足社区居民幸福感。做好群众工作，化解群众矛盾、促进和谐稳定，是党组织的独特优势和基本能力，也是基层治理中社区居民的殷切期盼。基于问题导向准确把握社区居民的实际需求，遵循“以人民为中心”原则着力解决社区居民急难愁盼问题，借助信息技术手段提升为民服务能力，从而使群众的获得感、幸福感、安全感更加充实、更有保障、更可持续。

基层强则国家强，基层安则国家安。习近平总书记指出：“党的工作最坚实的力量支撑在基层，经济社会发展和民生最突出的矛盾和问题也在基层，必须把抓基层打基础作为长远之计和固本之策，丝毫不能放松。”[①] 实现东北全面振兴，实现吉林全面振兴，不仅需要顶层设计把握宏观方向，更需要基层治理夯实社会之基，通过党建引领基层治理质量，为社会描绘一幅“和美图”。

---

① 中共中央文献研究室编《习近平关于社会主义社会建设论述摘编》，中央文献出版社 2017 年版，第 131 页。

后 记

吉林故事由吉林人民所创造，中国式现代化的吉林篇章由吉林人民所书写，2400 万吉林人民奋斗在白山松水之间，将故事写在大地，写入历史，寄给未来。为充分展现中国式现代化道路的科学性、正确性、指导性，中共吉林省委党校（吉林省行政学院）组织编写了《白山松水——中国式现代化的吉林故事》一书。

本书编写工作由宋文新主持，李刚、郑海兵负责综合协调。各部分分工如下：第一章由雷鸣、任长军、高鹤鸣编写；第二章由张倩男、刘阳编写；第三章由栾哲、陈曦编写；第四章由张旭达、高贞林编写；第五章由王雅楠、张缤予编写；第六章由栗晓雨、张欣编写。本书在编写过程中，得到了吉林省“一校六院”的大力支持，并吸纳借鉴了学界业界有关研究成果和有关单位的照片素材和调研数据，一并致谢。

编写组同志以最饱满的热情投身书写家乡故事的编撰工作，但囿于在理论知识和实践经验上的局限性，本书难免存在纰漏和不足，我们以最真诚的态度欢迎读者批评指正，以帮助我们改进。

编者

2024 年 6 月